MUSÉUM

ASTRONOMIQUE,

GÉOLOGIQUE ET ZOOLOGIQUE.

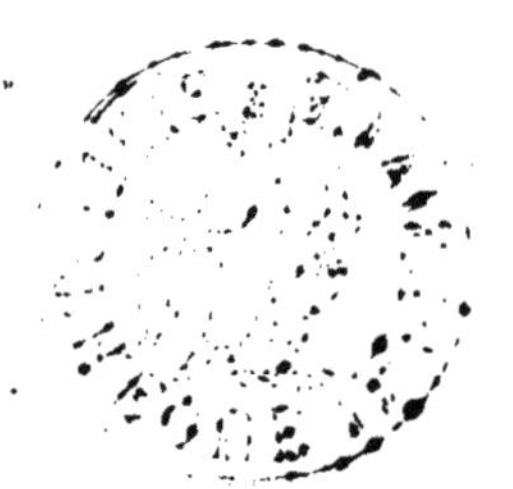

MUSÉUM

ASTRONOMIQUE,

GÉOLOGIQUE

ET ZOOLOGIQUE;

SUIVI

D'un Traité de mosaïque, de stucs et d'enduits ;
et de plusieurs Essais sur des monumens
publics et des édifices particuliers.

Par M. COCHET, de l'Académie de Lyon.

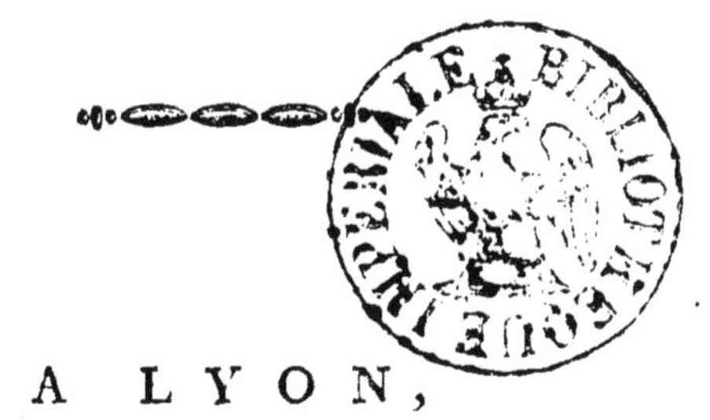

A LYON,

De l'Imprimerie de BALLANCHE père et fils ,
halles de la Grenette.

An XIII. — 1804.

Se trouve, *A LYON*,

Chez BALLANCHE père et fils, halles
de la Grenette ;

Et A PARIS,

Chez GIGUET et MICHAUD, rue
des Bons-Enfans, n.° 6.

AVIS

DES ÉDITEURS.

L'OUVRAGE que nous donnons au public , est composé de cinq Mémoires sur des objets différens , mais qui sont tous dirigés vers le même but.

Le plan d'un Muséum astronomique, géologique et zoologique, qui est le sujet du premier Mémoire , est une conception qui étonne par sa hardiesse, mais qui est environnée de beaucoup de charmes, et que la réflexion apprend à ne pas trouver inexécutable. Nul ne disconviendra que ce soit une très-belle pensée que celle de réunir dans un grand et majestueux édifice, tous les matériaux des connaissances humaines rangés dans l'ordre indiqué par la nature, et d'entourer cet édifice d'un immense jardin distribué comme les différentes contrées du globe : toutes les sciences seraient appelées à enrichir, et tous les arts à décorer à l'envi ce magnifique monument fait pour honorer seul le siècle dans lequel il serait exécuté, et le peuple qui voudrait l'entreprendre.

Un genre d'industrie très-peu connu en France, a attiré l'attention de l'auteur, dans son second Mémoire. Il résulte de ses observations et de ses propres expériences, que les boiseries et les parquets des appartemens seraient remplacés avec beaucoup d'avantages par des stucs et par des mosaïques. Les procédés que **M.** Cochet indique, font espérer pour résultats plus de variété, plus d'élégance, plus de solidité, et enfin plus d'économie. On ne saurait donc trop encourager les efforts qu'il a faits pour naturaliser dans notre patrie, cette nouvelle branche de l'architecture.

Les trois **Mémoires** qui suivent, sont consacrés à des monumens publics, et prouvent, comme le premier, une connaissance approfondie de cette partie de l'art qui apprend à produire de grands effets.

La première partie du cinquième Mémoire, a aussi pour objet les monumens publics ; mais dans la dernière il porte l'œil d'un sage critique sur les habitations des particuliers. Il s'est occupé de tout ce qui peut les rendre à-la-fois commodes, saines et élégantes. On ne peut qu'applaudir à l'idée ingénieuse qu'il a développée, de décorer les appartemens d'une manière analogue à la destination de chaque pièce. C'est encore un nouveau champ qu'il vient d'ouvrir aux talens des artistes. Le bon goût ne tardera sans doute pas à s'emparer de l'idée de M. Cochet, et on ne saurait croire combien la morale même pourrait y gagner.

Ainsi, tous les Mémoires qui composent ce recueil, indiquent une nouvelle route pour parvenir à la vraie magnificence dans les monumens publics, et à l'élégance réunie à l'utilité et à l'économie dans les édifices particuliers.

La plupart de ces Mémoires ont été lus dans les séances, tant publiques que privées de l'Académie de Lyon. Nous ne parlerons pas des suffrages qu'ils y ont reçus, parce qu'à présent qu'ils sont livrés à l'impression, ils sont en présence d'un plus grand nombre de juges, et que ces juges, très-souvent, aiment à être libres dans leurs décisions , et ne peuvent souffrir qu'on cherche à produire une influence quelconque sur leur opinion.

Qu'il nous soit permis seulement de rappeler ici en peu de mots quelques-uns des titres qui recommandent M. Cochet.

En 1786 , l'ancienne Académie royale d'architecture de Parme, décerna à cet artiste le premier des prix qu'elle a coutume de distribuer chaque année.

Il a remporté d'autres prix à différentes époques, pour des projets de monumens , donnés au concours ; mais celui qui a dû sans doute le plus le flatter , est le grand prix pour les colonnes départementales, qui lui fut décerné sur le choix de 400 projets.

Le dessin du plan qui est l'objet du troisième Mémoire de ce recueil, a été très-favorablement accueilli par S. M. l'Empereur, Premier Consul alors, qui a bien voulu le conserver.

Au reste, M. Cochet a puisé le goût du beau à sa source; il a passé plusieurs années à Rome et dans les principales villes d'Italie, dont il a vu et étudié les monumens: il était l'un des quarante élèves de l'Académie royale de Paris; il a étudié sous les grands maîtres de cette capitale, et il appartenait, peu avant la révolution, à la Cour de France, dans la partie des Menus-Plaisirs.

TABLE.

AVANT-PROPOS.

C'est aux naturalistes du dix-huitième siècle que le public est redevable des riches collections que présentent les différens cabinets qu'on voit aujourd'hui. Un goût très-éclairé sur tout ce qui compose l'univers, a fait recueillir avec soin les productions de la terre, et décrire l'histoire des cieux. Ces connaissances, devenues aussi étendues que la nature, sont, par la formation des cabinets d'histoire naturelle, rendues utiles à tous ceux qui se livrent à l'étude de cette science ; aussi M. Valmont de Bomare a-t-il dit : que l'esprit d'un seul homme étant insuffisant pour observer à-la-fois toutes les beautés de l'univers, il faut

A

se contenter d'étudier ce que renferment les cabinets ; que la science de
l'histoire de la nature n'a fait de progrès qu'à proportion qu'ils se sont com-
plétés ; qu'il faut entrer dans un de
ces cabinets dont la collection soit
ample, et rangée , autant qu'il est possible , conformément au système de
la nature elle-même ; que c'est à l'aide
d'un pareil secours que l'on trouvera
rassemblé , en détail et par ordre ,
tout ce que l'univers présente ; qu'une
collection où la nature étale ses productions , où l'art qui les a rassem-
blées les rapproche et les distingue ,
devient un livre élémentaire, toujours
ouvert pour l'observateur, qui appren-
dra à connaître l'organisation des êtres
créés , la correspondance réciproque
qui règne entr'eux, et les différences
sensibles qui les caractérisent , d'une

manière claire et précise , selon leur genre et leur espèce ; et que cette exposition des êtres matériels qu'a produits la nature , en servant à fixer les principes de la science , doit présenter aux yeux du sage un spectacle magnifique , pompeux , imposant, fait pour émouvoir son cœur.

C'est ce bel assemblage où M. VALMONT DE BOMARE renvoie ses lecteurs , qui m'a déterminé à indiquer, avec autant d'exactitude qu'il a été en mon pouvoir , un plan d'édifice où l'art ouvrirait les bras à une science , dont il doit présenter l'ensemble général dans l'ordre de la nature. En m'occupant de la forme et du caractère d'édifice que je crois convenable aux cabinets d'histoire naturelle , mon but n'a pas été seulement d'indiquer quel serait le plaisir des yeux , mais encore celui de faciliter l'étude de cette science , par une disposition conforme au système de la nature elle-même. C'est d'après les naturalistes que je donne mes idées , sans vouloir diminuer le mérite de ce qu'ils ont fait jusqu'à présent ; aussi , je me borne , non à des dissertations , mais à des remarques, et je ne me répandrai pas en érudition sur mon sujet, puisqu'il est neuf. En disant mon sentiment, je prie le lecteur de croire que je n'ai pas la présomption de vouloir décider , avant de le soumettre aux lumières de ceux qui sont plus habiles que moi.

Long-temps placé entre ce qui s'est fait et ce qui peut se faire , je me suis élevé aux principes qui constituent les cabinets d'histoire naturelle, pour reculer des bornes étroites que le génie eût dû franchir plutôt ; et si je présente une idée dont la nouveauté fasse le seul mérite , il suffira de voir les cabinets de *Paris* , de *Londres*, de *Bologne* , de *Florence* , etc. pour se convaincre que leurs collections ne les caractérisent pas suffisamment. En se reportant au temps de la formation de ces cabinets, on voit que l'architecture n'a rien fait de grand ni d'utile pour ces sortes d'établissemens. Si ce que je vais en dire est bon , ce sera un pas de plus vers la perfection, et je m'estimerai heureux si j'ai payé mon tribut à ceux qui emploient aussi utilement leurs veilles à parler au cœur et à l'esprit.

A 3

Totam licet animis , tanquam oculis lustrare terram , mariaque omnia ? Cernes jam spatia frugifera
atque immensa camporum , vestitusque densissi-
mos montium , pecudumque pastus , tum incredi-
bili cursus maritimos celeritate. Nec verò supra
terram , sed etiam in intimis ejus tenebris plurima-
rum rerum latet utilitas quæ ad usum hominum
orta , ab hominibus solis invenitur.

(Cicer. de Nat. Deor. Lib. 2.)

MUSÉUM

ASTRONOMIQUE, GÉOLOGIQUE ET ZOOLOGIQUE.

« Il en est des erreurs de ceux qui nous ont précédés, comme des écarts de la nature ; nous ne devons pas plus suivre les unes que représenter les autres. »

Dire qu'il n'est aucun cabinet d'histoire naturelle qui s'explique par lui-même , parce qu'on y voit les crocodiles suspendus aux voûtes, et l'aigle sous la main : dire que les bocaux y offrent indistinctement à tous les yeux, les choses les plus dégoûtantes ; que la minéralogie y présente le chaos et qu'il n'y a point d'ensemble paraîtrait une critique, si l'on ne savait pas qu'il a fallu recueillir ces productions avant de songer à leur arrangement, et que le temps employé à former les collections , n'a pu que retarder l'exécution d'un tableau aussi vaste que celui de la nature.

Mais à présent que ce qui est recueilli paraît suffisant pour former un ensemble conforme au système de la nature elle-même, il faut un local propre à recevoir non-seulement ce que renferment les cabinets, mais encore la copie exacte du ciel et de la terre ; et c'est parce qu'il n'est pas parvenu à ma connaissance qu'on ait songé à un monument qui réunisse tout ce qui peut porter à l'admiration, que je m'en suis occupé : j'emprunterai donc le compas de Vitruve, le lévier d'Archimède, le pinceau de Raphaël et le ciseau de Phidias, pour donner l'idée d'un édifice qui représenterait les quatre parties du monde par des nefs formant une croix grecque, précédées chacune de son portique couronné par des frontons, sur lesquels on verrait au midi, Dieu créant le ciel, au couchant la terre, au nord lançant les autres mondes, et au levant, séparant les ténèbres d'avec la lumière. Sous ces portiques seraient placées les statues des Newton, des Descartes, des Diodore de Sicile, des Pline, des Buffon, des Pascal , des Linnée et des Cook , tous assis à droite et à gauche de l'entrée de chaque nef , tenant à la main leurs ouvrages immortels ; et le centre formerait une rotonde pour recevoir un globe de 40 pieds de diamètre, qui , tournant sur son axe , ferait connaître le relief de la terre. Les nefs seraient formées par des colonnades , et chaque entre-colonnement , ayant un renfoncement capable de contenir une partie du tout que la nef représenterait , montrerait, à l'aide de la peinture et de la sculpture , un pays , le peuple et les animaux qui l'habitent. Ces renfoncemens seraient fermés par des glaces sans châssis : les insectes orneraient les encadremens ; les reptiles, les soubassemens ; les paons , les corniches ; et l'aigle , les voûtes. Le pavé , en mosaïque , offrirait l'assemblage de toutes les espèces de marbre. L'art des statuaires brillerait au milieu de chaque nef par des sujets tout divins : tels que l'Éternel créant, d'un côté, Adam et Eve, et de l'autre les animaux ; des génies montrant les écrits

des plus célèbres naturalistes , Moïse inter-
prétant l'ouvrage de Dieu : et pour faire sentir
la fragilité de celui des hommes , les quatre
piliers supportant la coupole , seraient décorés par les peintures des grands phénomè-
nes de la nature , comme ie déluge universel ,
les mers glaciales , l'irruption des volcans et
les tremblemens de terre. L'architecture intérieure n'aurait rien de la magnificence des
temples des dieux , et son caractère tenant
de la simplicité des premiers temps , ne dé-
tournerait pas l'attention de l'observateur des
objets qui ont commandé l'édifice ; car il est
de grandes choses qui , faites sans motif ,
étonnent et ne plaisent pas : ici , il faut bien
un ensemble qui surprenne au premier coup
d'œil , mais qui plaise à la longue ; et pour
y réussir, il y a moins à tirer de la fertilité du
génie , que de celle de la nature ; c'est elle-
même qui montre , dans cette circonstance ,
toute l'étendue de l'ouvrage avant qu'on
l'entreprenne.

Comme il s'agit plus de mieux faire connaître le monde que nous habitons , que
d'expliquer la formation de l'univers , et d'in-

diquer la cause de cette quantité d'espèces et d'individus que la nature présente à nos yeux, et le nombre des mondes connus et inconnus; il ne faut qu'une copie où l'on puisse voir tous les traits de l'original. Pour ce qui est de la physique céleste, une double coupole mouvante la présenterait à l'observateur dans le sens naturel, et non comme elle se voit sur nos globes.

C'est ainsi que, pour se conformer aux vues des naturalistes, l'art doit rassembler en détail, et par ordre, tout ce que l'univers présente, afin que la collection devienne réellement un livre élémentaire, toujours ouvert à ceux qui veulent apprendre à connaître l'organisation des êtres créés, et leur correspondance réciproque.

Quant à l'extérieur de l'édifice, il lui faut une mâle beauté, plus que de la splendeur, qui en impose et ne satisfait nullement. Je sens qu'ici mes idées ne peuvent etre qu'au dessous du sujet, et que ce serait un phénomène si je pouvais élever un monument

digne de Dieu. Mais en recueillant toute
l'intelligence qu'il a donnée aux hommes ,
occupons-nous de ce qu'inspire sa gloire, pour
laquelle il faut que l'architecture et la sculpture se déploient avec le délire du plus saint
enthousiasme. Traçons d'abord un cercle d'une
lieue de diamètre pour un jardin botanique ,
au centre duquel il faut creuser nos fondations jusqu'à la première pierre : Dieu l'a
posée. Elevons le soubassement , que nous
ornerons d'un bas-relief représentant les
hommes occupés , les uns , à tirer du sein
de la terre les fossiles et les minéraux , les
autres à la géométrie , à l'astronomie et à
la géographie. Sur ce soubassement plaçons
les murs , les colonnes , les péristiles , les
piédestaux pour les statues , les riches soffites
qui les doivent couvrir , l'entablement et les
frontons destinés à recevoir l'image de Dieu.
Que toutes les proportions frappent les yeux,
le cœur et l'ame à-la-fois ; que l'acanthe ,
l'olivier, les fleurons de grenade , les calices
de tulipier et tous les fruits, y forment , sans
confusion , les plus agréables enroulemens

que l'architecture peut recevoir , et que ces ornemens rappellent les graces du printemps et les faveurs de l'automne. Pour conserver utilement le ton mâle et savant de l'édifice , sous ces heureux emblèmes de la nature , faisons de l'extérieur de la coupole une tour octogone , comme celle des Vents que l'on voit encore à Athènes ; donnons-lui les mêmes attributions : son sommet servira d'observatoire , et fixera , comme la tour de Belus , au loin tous les regards. Tandis que ce sujet nous rapproche du temps des grandes idées, plaçons les portes, qui vont caractériser toutes les nations : employons les métaux les plus précieux à ces heureuses allégories , et n'épargnons rien ; il faut qu'elles surpassent celles du fabuleux Olympe. Que le flambeau du génie en repousse la nuit des arts, et montre que notre siècle créateur peut produire des modèles dignes de Palmire, d'Athènes et de Rome. Entrons pour placer la boussole à la base du globe , et faisons mouvoir l'essieu du monde , suivant l'ordre de la nature : c'est accomplir le vœu qu'a si souvent formé

Buffon ; c'est montrer à l'homme, en un jour ,
ce que deux siècles de littérature ne pourraient enseigner : il verrait en un instant la
nuit et le jour , le froid et le chaud , le roc
et le sable , les forêts et les prairies , les
cavités humides et les monts embrasés , les
empires , les peuples , leur couleur, et tout
ce qui produit le bien et le mal , tel que l'or
et le fer.

Quel spectacle ! et quelle leçon pour tous
ceux que la dépravation des sens fait courir
après un fantôme idéal , vain prestige de leur
imagination déréglée ! Ne saisiraient-ils pas
d'un coup d'œil un grand nombre de rapports,
sans se fatiguer ? ils n'abandonneraient l'ensemble que pour se porter sur quelques-unes de
ses divisions , et l'esprit resterait à-la-fois
occupé et satisfait. Mais, quoi qu'il en soit de
l'utilité de l'édifice que je propose , et des
chances que court mon projet , ainsi que de la
censure à laquelle peut-être je m'expose, je ne
veux point , comme le Tiphys qui condui-
sait les Argonautes , caler les voiles au pre-

mier vent contraire ; plus hardi, je continue
ma description avec le courage d'un athlète,
pour arracher des mains du caprice, des productions dont le volume n'est augmenté que
comme un fleuve qui croît en s'éloignant de
sa source, et les rendre à l'ordre naturel qui
les réclame. Je n'y suis pas entraîné par un
goût puérile pour la nouveauté, puisqu'elle
vieillit lorsqu'on la revoit. C'est pour présenter
plus clairement tous les côtés de la nature,
que j'insiste sur la nécessité d'un globe en
relief, pour qu'on puisse voir le basalte, la lave,
la pierre-ponce, la pyrite et le soufre, avec le
Vésuve, l'Etna et l'Hécla. Il faut aussi que
le jardin botanique présente un abrégé du
développement de la terre, pour diviser une
ménagerie qui ait ses cabinets particuliers,
destinés à recevoir les animaux qui nous
manquent, auxquels on peut suppléer par
des copies en sculpture colorées, et mettre le
crocodile avec le Nil, la baleine avec la
mer du Nord, l'éléphant avec l'Asie, le
lion avec l'Afrique, le tapir avec l'Amérique,
et le cheval avec l'Europe.

Ce sont ces dispositions géographiques qui seules peuvent imprimer un caractère de vérité, capable de porter le spectateur à la méditation qu'inspirent les ouvrages de Dieu, et faire éclater la reconnaissance dûe aux interprètes de l'univers, pour lesquels, voulant former un heureux ensemble, j'essaye de tracer les sentiers et les limites du jardin de tous les peuples du monde. Et bien que déjà la faible copie , avant de naître , se plaigne de la lenteur de mon crayon , en disant que ce qui est éternel fut l'ouvrage d'un moment si court , que nul mortel n'a pu l'apprécier , et que cette ombre accusant mon imagination tardive , semble ignorer que ce qui se fait ici-bas , ayant besoin du rabot et de la lime , souvent reste brut, et que la plus belle pensée n'a quelquefois pour asile que les archives de la mort : sans m'étonner je plante les jalons et déroule le cordeau , pour faire tous les chemins que l'observateur aura à parcourir. Oh ! que je voudrais être sûr du terrain pour tracer celui du cœur ! c'est par où je commencerais , afin d'y faire abouter

tous les autres , même celui du Parnasse ;
malgré les nombreux accidens que les voya-
geurs y éprouvent. Mais , dans l'incertitude
où je suis , je commence par former quatre
entrées, pour être plus assuré de sortir aisément , dans le cas où je m'égarerais.
Je fixe donc mon premier piquet pour l'ave-
nue correspondante au portique de l'Europe ,
le second pour celui de l'Asie , le troisième
pour celui de l'Afrique, et le quatrième pour
celui de l'Amérique. Ces quatre grandes
divisions établies , je roule le cordeau et
quitte la symétrie, pour retourner dans les
bras de la nature suivre ses commandemens ,
en traçant quatre ménageries et quatre ser-
res qui caractériseraient les parties divisées,
auxquelles seraient soumises les plantations ;
ensuite par des subdivisions pratiquées d'une
manière sensible, développer les objets que les
dimensions déterminées pour le globe en
relief ne permettraient pas d'expliquer avec
le même succès. Ces bases une fois établies,
laissant , pour le reste, à chacun le soin
de faire ce qui est à sa portée , je fixe la

clôture , qui , par sa forme circulaire , dési-
gnerait les limites du monde, au milieu desquelles il faut que l'édifice soit entouré
d'un vaste tapis de verdure , terminé par
toutes les espèces d'arbres à fleurs , laissant
l'espace nécessaire pour que chaque portique
puisse être apperçu de la plus grande distance
des avenues, et que l'irrégulière multitude des
autres voies conduise toujours à un paysage ,
qui , en annonçant le lieu où l'on est , excite la curiosité à passer dans un autre avec
le plaisir de voir et la crainte de ne plus voir.

Tels sont les principaux traits par lesquels
j'ai cru devoir faire connaître le Muséum
dont je me suis occupé ; et je pense qu'un
pareil monument ne peut souffrir de contra-
diction que par ceux que le défaut de génie
rend esclaves d'une barbare routine à laquelle ils assujettissent tout, et dans laquelle
ils fortifient leurs disciples , sans songer qu'ils
retardent les progrès des arts , comme l'avancement de la science. Mais pour triompher

de pareils obstacles, il suffit de les entendre pour leur répondre (1) : Vous placez dans l'air ce qui rampe, et nous voulons le placer sur la terre ; pour blason de votre science vous nous présentez des monstres, et nous les effaçons du globe pour ne voir la nature que dans la perfection qui élève l'ame, dont on méconnaît l'existence lorsqu'on ne s'attache qu'au matériel des choses.

Si vous exposez aux regards du public des objets qui attestent les misères humaines, c'est braver ses sensations ; et quelle nécessité y a-t-il à garder si précieusement, pour le régal des yeux, ce qui déshonore la nature, et qui peut-être ne reproduit ce déshonneur que par l'imprévoyance de montrer indistinctement à tous, ce qu'on devrait ignorer ? car il n'est que trop vrai que le rare

____

(1) A Bologne j'ai entendu un enfant qui, voyant des serpens suspendus aux voûtes du cabinet d'histoire naturelle de l'Institut, demandait à son précepteur pourquoi on leur avait coupé les ailes.

hideux fait quelquefois une forte impression sur nos sens ; les mauvais songes qui nous affectent , ne sont-ils pas les résultats de ce que nous avons vu ou entendu ? On sait qu'il est des personnes à l'abri de toute espèce d'affections de ce genre , auxquelles tout paraît beau dans la nature , tels que ceux qui appellent un site affreux , *une belle horreur* ; mais la boue est aussi de la nature , sans citer autre chose.

Cependant un pays inculte où l'on ne peut faire un pas sans risquer sa vie , sans être déchiré par des ronces ou piqué par des bêtes venimeuses , me paraît une horreur sans beauté. Si les tableaux du peintre Hu présentent des sites agrestes d'un beau coloris , ceux du Poussin ont l'avantage d'aller à l'ame , parce qu'ils montrent la nature si belle qu'on croit voir l'Arcadie.

Ce sont les choix divers de ce qui s'offre à nos yeux , qu'il faut savoir faire , qui, d'après leur arrangement , disent beaucoup ou ne disent rien : j'ai vu même des bota-

nistes qui préféraient leurs vieux herbiers moi-
sis, aux tableaux que leur en aurait faits Wanhui-
sum ou Wanspandonk. Voilà pourtant les
hommes avec lesquels les arts sont aux pri-
ses. Lorsqu'ils croient devoir venir à leur
secours ; toujours hérissés de leur science,
ils repoussent avec dédain ce qu'ils craignent
de s'associer, pour conserver la seule gloire
d'entasser des matériaux.

Il n'en est pas de même de ceux d'un vrai
mérite ; ils s'entretiennent de ce qui agrandit
l'imagination, et leur vaste génie qui ne
se plaît qu'avec ce qui tend à la perfection,
les met toujours au-dessus des bagatelles
sur lesquelles les petits critiques triomphent :
c'est ainsi qu'ils savent être grands, en aug-
mentant leur savoir par celui des autres ;
aussi c'est d'eux que j'attends, avec la confiance qui leur est acquise et la sécurité
d'un homme dont l'ambition ne consiste qu'à
mériter leur estime, le jugement qu'ils vont
porter sur mon travail. Si j'ai parlé d'un
globe en relief, c'est pour faciliter l'étude
de la géologie, et appuyer les ouvrages qui

traitent de cette matière , sur un monument qui en deviendrait la raison positive , en faisant connaître , d'une manière sensible , les plus précieuses parties de la minéralogie , les volcans , les profondeurs des mers (1) , les chaînes de montagnes et l'exacte division de la terre , afin de diriger plus sciemment les opérations subordonnées à la connaissance des continens. Les avantages d'une aussi grande sphère m'ont paru se multiplier de manière à espérer l'accueil du projet et le succès de l'entreprise , d'ailleurs , persuadé que la petitesse des proportions dans les plans comme dans les idées , conserve toujours des erreurs pénibles à relever. J'ai cru devoir fixer des dimensions convenables à l'importance du sujet , et dire aussi qu'une double coupole mouvante représenterait la physique céleste , parce que je crois que cette forme est la plus convenable pour tracer les cercles que parcourent les astres qui appar-

____

(1) Cet élément s'imite avec de la gaze , que l'on peut préparer de manière à faire illusion.

tiennent à la terre , et placer le spectateur dans l'ordre naturel. (1)

Quant aux divisions à pratiquer dans les nefs , je ne dis pas que celles que j'indique soient les plus parfaites ; mais je dis qu'elles vaudraient beaucoup mieux que ce qui a été fait jusqu'à présent , parce qu'on trouverait moins d'hérésie dans les classifications , et un goût capable de faire oublier quelques inconvenances , telles que les encadremens pour recevoir les glaces , qui sont des choses indispensables , sur lesquelles j'ai plus particulièrement , comme objet de détail , porté mon attention , afin de ne laisser examiner que ce qui flatte. En conséquence, je crois que l'insectologie ornerait parfaitement les cadres , puisque par sa variété elle peut former des ornemens très-délicats. J'ai désigné les reptiles comme offrant des ressources pour

---

(1) J. J. Rousseau a dit que les philosophes de ruelles étudient l'histoire naturelle dans des cabi_ nets ; qu'ils ont des colifichets , savent des noms , et n'ont aucune idée de la nature. *Emile, liv.* 5, *p.* 21.

B 4

orner les soubassemens , parce qu'en plaçant ainsi chaque chose (1) , suivant l'ordre de la nature ; ce serait adoucir les peines de l'étude , et fixer délicieusement l'attention de ceux qui apprennent à connaître , dans un espace resserré , les richesses qu'on foule aux pieds , et ce que la terre prodigue à la vue.

Il est à croire que pour compléter le charme des yeux dans cet abrégé de la terre entière , on sentira fortement la nécessité du dessin , comme celle du coloris , afin que les accessoires se trouvent mieux en rapport avec la vérité ; car tout ce qui est soumis au raisonnement , ne devant être augmenté que pour devenir parfait, je ne vois aucun péril à avancer que la formation

---

(1) Raphaël a placé une collection d'oiseaux , d'une manière aussi vraie qu'ingénieuse. Le sujet de son tableau est un chasseur à la pipée au pied d'un arbre qui est garni d'un nombre infini de petites broches sur lesquelles il voit la peuplade aérienne retenue. *Voy.* les Arabesques du Vatican , gravés par Wolpato.

des cabinets d'histoire naturelle ne remonte
pas à une époque assez reculée , pour être
devenue une autorité irrécusable , au point
qu'on ne puisse rien changer à leur disposition ;
et je dis même que c'est dans un édifice de
ce genre qu'on doit plus particulièrement connaître l'influence des arts (1) , puisqu'ils peuvent y établir l'illusion (2) , en faisant res-

---

(1) Je conseillai à un Naturaliste qui voulait
conserver une très-belle couleuvre, de faire peindre
de la mousse au fond du bocal destiné à la recevoir , et une plante pour cacher adroitement l'ori-
rifice du récipient ; ensuite d'introduire quelques
morceaux de plomb dans le corps du reptile pour
le fixer à la mousse : l'exécution fit naître des idées
aussi utiles qu'ingénieuses , et prouva , par ce
petit détail , combien de choses sont imparfaites
par l'absence des arts.

(2) En 1784 , j'ai vu à Paris , près du théâtre
de l'Odéon, un marchand de bas de soie , qui, lassé
de déplier et replier la marchandise qu'il étalait
chaque jour , jugea à propos de faire vitrer son
magasin avec des verres de la plus grande dimension , sur lesquels il fit peindre intérieurement son

sortir chacune des parties , comme les sites particuliers d'un pays. Aussi j'établis des colonnades pour les nefs , afin qu'elles ressemblent à des portiques ouverts , parce qu'à l'aide de la perspective la vue se prolongerait dans chaque intervalle , en se trompant agréablement sur la profondeur des cabinets particuliers. Et comme il est évident que de la réunion de plusieurs talens on doit obtenir plus d'effet que de chacun en particulier , je ne crois pas que ce soit mésestimer ceux qui nous ont précédés (1) , que de vouloir achever les ébauches qu'ils nous ont données , et je laisse aux personnes judicieuses à penser si , en demeurant dans la retenue de n'y rien ajouter, ce n'est pas renoncer

---

étalage jusqu'au moindre détail : l'illusion fut si complète , qu'il n'eut plus la peine d'étaler , et son commerce gagna par l'affluence des curieux que cette fidelle imitation attirait chaque jour.

(1) J'entends parler des modernes , et particulièrement des faiseurs de cabinets d'histoire naturelle.

au perfectionnement des objets qui tombent le plus sous nos sens , et pour lesquels la raison seule indique ce qu'il faut faire. J'ai dit aussi que l'architecture intérieure doit avoir un caractère simple , parce qu'il est inutile de faire plus que la mémoire ne saurait conserver d'un local où l'intérêt ne peut être divisé. Ce sont ces convenances si familières aux Grecs , qui nous font encore respecter jusqu'à la poussière qui couvre les restes des monumens de leur gloire. En portant nos regards sur les ruines antiques qui, après tant de siècles d'éloignement, attestent encore la magnificence et le goût des nations qui nous ont ouvert tant de chemins aux grandes choses , ne voyons-nous pas une lacune si ténébreuse depuis la chute de leurs monumens , que nous sommes portés à croire que si le rehaussement des beaux-arts eût encore tardé d'un siècle , le voile obscur se serait épaissi au point de ne pouvoir plus être soulevé : alors c'en était fait de l'architecture , de la peinture et de la sculpture. La preuve que ces trois arts , qui pour Michel - Ange n'en étaient qu'un , allaient être perdus pour jamais , c'est qu'ils l'étaient encore en 1770 (1) , et que jusqu'à cette époque il n'est point de mauvaise production qui n'ait eu des admirateurs, et qu'on a toujours de la peine à cesser de louer indistinctement les édifices élevés pendant le règne de Louis XIV. Mais parce que ce fut le beau siècle des lettres , s'ensuit-il qu'il fut celui des arts ? et doit - on aveuglément soutenir , comme on l'entend si souvent , avec toutes les fables qu'enfantent l'oisiveté et un faux enthousiasme , que la colonnade du Louvre est la plus belle conception connue en architecture ? Si cela était vrai , il faudrait en conclure que jamais on ne fera mieux , ce qui ne serait pas fort encourageant pour ceux qui , connaissant tout ce qu'on doit à Perrault , se sentent capables de compter les imperfections du

---

(1) Voyez , pour l'intelligence de ce passage , la note 6 , de l'article des colonnes, ci-après, à la fin du volume.

somptueux édifice sur lequel sa gloire fut établie à si juste titre de son temps (1). Mais depuis l'existence des peuples civilisés ou barbares , des nombreux édifices élevés par les cultes , les grandeurs souveraines , les actions héroïques et les magistratures , je le demande à tous les siècles , en est il un qui puisse éterniser une nation comme celui qui présenterait l'encyclopédie divine ?

Dans un monument de ce genre, il serait sans doute bien étonnant que l'idée de Dieu ne fût pas réveillée d'une manière posi-

---

(1) Pour moi qui ne suis pas admirateur des co-lonnes accouplées , ni des mauvais détails , je trouve qu'il y a plus de mérite à avoir fait le Parthénon,que tout le Louvre ensemble; et sans être un apologiste outré des Grecs et des Romains , je crois pouvoir dire à ceux qui ne sont architectes qu'à l'aide de Vignole et des Lois des Bâtimens , que si le gouvernement actuel fait élever des édifices , ce seront les historiens des siècles futurs qui en feront un pompeux éloge , parce que Paris abonde actuel-lement en vrais talens , et que jamais la France

tive. Les merveilles de la nature n'auraient-
elles donc rien dit à mon cœur ! la magnificence de ce manteau étoilé qui enveloppe
l'univers, n'aurait-elle jamais étonné mon imagination? cette voix solennelle de la création,
proclamant à chaque instant son auteur,
aurait-elle trouvé mon ame sourde à ses majestueux accens? Ah! quand j'aurais voulu exiler
Dieu de ma pensée, aurais-je pu l'exiler de
ses ouvrages ?

----

n'a eu tant d'hommes à-la-fois, capables d'illustrer
les arts, qu'en ce moment ; et que pour orner l'architecture, ce n'est pas la sculpture du temps de
Louis XIV qu'on prendrait pour modèle, parce
que celle de Jean Goujon (a), qui nous reste du
règne de François I.er et Henri II, fait une justice
trop éclatante de ce qui a été fait depuis, pour
n'avoir plus à redouter de voir Hercule en perru-
que (b), ou le chapeau d'Arlequin sur la tête de
César. (c)

(a) Jean Goujon, sculpteur et architecte, fut une des
victimes de la Saint-Barthelemi.

(b) Voyez la porte St-Martin, à Paris.

(c) Voyez la couverture de la maison carrée, à Nîmes.

Ce ne sont plus les hiéroglyphes de la mystérieuse Egypte qu'il s'agit de renouveler ; ce n'est plus aux séduisantes fictions de la Grèce qu'il faut recourir ; ce n'est plus aux obscurs symboles de la Gaule barbare que nous devons remonter : toutes les théogonies mensongères , toutes les hypothèses philosophiques doivent être exclues d'un édifice qui ne peut reposer que sur la vérité. Pour peindre aux yeux l'auteur de toutes choses , *celui qui est* , il faut que l'artiste se transporte dans une sphère élevée, qu'il revête la figure humaine de tout ce qu'elle peut avoir de grand , de céleste ; mais aussi il doit craindre toutes les séductions de l'imagination , dans un sujet où l'ame seule doit voir et comprendre. L'ancêtre des âges révélant sa puissance par la vie qu'il donne à tous les êtres , et par la variété des formes qu'il imprime à la matière, Dieu se manifestant par ses ouvrages : tel est le tableau sublime qui doit naître , telle est l'idée que tout l'ensemble doit produire.

Si dans le plan que je propose , j'ai pu saisir quelques-unes des grandes harmonies de la nature , aurais-je pu oublier la première de toutes, celle qui proclame l'éternité par l'organe de la mort ? Funèbre pensée de la mort , je te rencontre à chaque pas ; à chaque pas je trouve un débris qui crie la mort. Ainsi les écritures nous apprennent que le monde lui-même sera la proie de cette redoutable ennemie de toutes les choses créées : les cieux seront roulés comme un manteau vieilli , le soleil s'éteindra dans les plaines de l'espace, et le temps périra à son tour , comme l'a dit le sublime solitaire de Pathmos. Mon imagination a dû prévoir la catastrophe terrible qui détruirait un jour l'original admirable dont j'esquisse une copie imparfaite ; c'est pourquoi j'ai dû présenter , parmi tant de tableaux divers , celui des météores qui usent le globe, des grands cataclysmes qui en changent la face , et des effroyables fléaux qui font disparaître des générations entières , et quelquefois toute la race humaine.

Je

Je présente aussi l'assemblage de ces marbres de toutes espèces , qui ont servi si
souvent à élever des monumens à la Foi,
à l'orgueil, à la reconnaissance , et qui
sont le dernier asile des grands. C'est dans
une mosaïque que seraient confondus depuis
celui avec lequel Phidias étonnait la Grèce,
jusqu'à celui qui sert à piler tant de drogues
inutiles contre la mort. Ce sont ces mélanges de couleurs pour lesquelles il n'est point
d'hiver, qui étaleraient une des belles parties
anatomiques du globe : l'éclat de son poli
serait le miroir de la vérité , et ses compartimens l'hommage dû au Créateur. Tels sont
les merveilleux tapis dont la terre cache
les vastes entrepôts ; tel est l'usage qu'on
en doit faire.

Enfin, je quitte tout ce qui est copie
ou inanimé, pour revenir à ce qui doit entourer l'édifice : et comme c'est le tableau
vivant qui doit servir de réponse en général à ceux qui se font un plaisir de trouver
par-tout le romanesque , même dans la

C

vérité, lorsqu'elle parle en grand ; mon crayon trop naïf pour tracer des sites fabuleux où l'esprit humain se promène et s'égare, doit donc être fidelle, autant que l'espace que j'ai déjà désigné peut le permettre. C'est dans ce lieu cultivé et sauvage, c'est dans ce petit coin du monde, matière à ne jamais tarir, que peuvent s'épuiser toutes les ressources.

Parmi les objets sans nombre qui doivent appeler mon attention, celui qui se présente le premier est une ménagerie qui réponde à l'ensemble du plan général. Si j'ai voulu donner une idée de la géologie du globe, il faut bien montrer à présent ses richesses zoologiques. Je n'entrerai pas dans tous les détails, ils seraient immenses ; qu'il me suffise de faire connaître la manière dont la ménagerie devrait être exécutée, par la forme que je voudrais donner aux loges des animaux carnaciers.

Quadrupèdes effroyables, c'est vous que je commence à éloigner ; sentinelles dévo-

rantes de tout ce qui respire , fuyez la présence de l'homme , et retirez-vous à sa voix
dans les antres qui doivent signaler votre
patrie. Des bois épais cacheront vos mas-
ques épouvantables , des plantes vénéneuses
feront l'ornement de votre domaine ; et
puisque la chair morte suffit pour appaiser vos hurlemens , le silence nécessaire
à l'étude ne sera point troublé : l'ours du
nord, qui digérerait le bronze pour faire
la conquête d'un troupeau, y trouvera aussi
sa place, ainsi que l'hyène, dont la mâ-
choire s'aiguise perpétuellement à fondre
des os (1). Ce sont les dispositions de vos

---

(1) Les loges des animaux féroces doivent former des grottes , qui , placées conformément au
plan géographique , fassent connaître par leurs
formes et les plantes environnantes, les lieux où
naissent ces quadrupèdes , et offrent aux spectateurs
un caractère de vérité plus convenable au sujet,
que de petites cases où toutes les espèces sont
confondues. A côté de chaque grotte serait un
réservoir fermé, dont le robinet enverrait l'eau né-

cavernes obscures qui doivent faire connaître votre origine d'une manière positive , et
servir de boussole au contemplateur égaré.
C'est en vous plaçant aux confins d'un
champ consacré à la méditation que vous
pourrez, entre vos dents meurtrières , mêler
vos horribles accens à ceux du tonnerre, et
que, loin de vos concerts déchirans , je
tracerai à loisir les ombrages du berceau
de la nature , et les divisions nécessaires
à cette rurale école. Alors je dirai à V****,
ami aussi sincère que savant observateur :
Voilà mon plan ; ce n'est point la volupté,
mère de l'erreur, qui a guidé ma main
pour figurer ces pelouses émaillées ; ce ne
ne sont pas les noirs cyprès , dignes tro-
phées vivans de ce qui n'est plus , qui m'inspirent à planter ces lieux solitaires et inac-
cessibles aux rayons du soleil;

---

cessaire pour approprier la demeure de l'animal et
l'abreuver sans risque ; à l'entrée de sa grotte serait
gravée , sur le roc , la partie de l'histoire naturelle
qui se rapporte à lui.

C'est la raison, qui, voulant rimer avec la nature, entend qu'ici l'ouvrage fasse l'office de la voix, et que parmi tant d'objets semés de toutes parts, le contemplateur voie, par le juste partage de ce champ, la terre qu'habite le Chinois, l'Indien, le Persan, l'Africain, le Musulman, l'Américain, et tous les présens que la Divinité a faits à chacun d'eux, sans que les groupes contrastés rompent le repos des yeux par des mélanges confus qui, en ôtant au sujet toute sa vérité, laissent marcher sans cesse au hasard.

Ce ne sont point les jardins de Lucullus qu'il faut tracer à vos yeux : rien ne doit rappeler les délices de Capoue ; mais tout doit être d'un genre sévère. Si vous remarquez les jardins enchantés d'Alcine ou d'Armide, que ce soit une simple échappée de vue, comme une de ces retraites aimables et séduisantes que vous vous efforcez en vain d'éviter, mais où vous êtes inévitablement rappelé. Que la fontaine de

Blandusie, que les ondes sinueuses du Li-
gnon , que l'aspect pittoresque de Vaucluse
vous ramènent aux souvenirs poétiques ; que
le mont Ida vous reporte à l'hymenée magnifique de Jupiter et de son auguste épouse ; que l'antre de Cacus ou de Polyphème
vous donne une idée de ce que peut la
peinture même des horreurs de la nature,
exécutée par de grands maîtres tels qu'Homère et Virgile ; que le Poussin vous transporte dans les plaines enchanteresses de
l'Arcadie , au pied du mont Parnasse et
du mont Olympe; que l'innocence des mœurs
pastorales se trouve dans des tableaux d'Alcinoüs cultivant lui-même un aimable coin
de terre , ou de Philémon et Baucis donnant l'hospitalité aux Dieux : tout cela ne
doit être qu'un accessoire ; notre objet est
d'offrir une peinture aussi vraie que nous
pourrons de la nature entière.

Ainsi le Suisse trouvera , dans le petit
espace que nous destinons à être l'abrégé
des merveilles de la nature , une image

de ses prairies balsamiques placées au pied de ses effroyables glaciers ; ainsi l'Esquimaux, accoutumé à voyager sur les mers du Nord, et à se servir d'un banc énorme de glace pour nacelle, cherchera dans un coin de cet asile ses tristes solitudes ; ainsi le Barde Ecossais, accoutumé à ses nuages brumeux, à ses roches nues, à ses rafales, à ses aurores boréales, y trouvera un souvenir, peut-être affaibli, de toutes ces scènes lugubres et mélancoliques. Le jeune Potavéri y viendra chercher les végétaux de sa patrie. Le Chinois sera tout étonné de reconnaître ses kiosques, l'Indien ses hamacs suspendus, le Persan ses paradis, l'Européen ses fabriques celtiques, vieux vestiges de nos monumens gaulois.

L E temple est élevé : les jardins qui doivent s'étendre autour de ses murs, sont tracés ; l'abrégé des ouvrages du Créateur se développe à nos yeux : mais rien encore ne nous donne l'idée du complément de

tant de merveilles , je veux dire de l'intelligence humaine. Les matériaux sur lesquels la
pensée doit travailler , existent , et l'ouvrage
de la pensée n'existe pas encore. Nous
construisons donc une bibliothèque où viendront se classer toutes les générations de
génie qui font époque dans les annales de
l'esprit humain : nous exclurons de ces archives immortelles , toutes les productions sans
couleur , sans but , sans vie , et qui ne
mériteraient pas d'être connues par tous
les siècles.

Qu'il me soit permis à présent d'entrer
avec un religieux respect dans cette vaste
galerie où sera déposé le fruit des veilles
de tant de grands génies ; qu'il me soit
permis de contempler les bustes de ces
hommes dont quelques mains habiles auront
sculpté sur le marbre les traits vénérables;
et que m'asseyant sur la base du piédestal de la statue d'un de ces morts célèbres,
je puisse dérouler dans ma pensée l'histoire
de l'esprit humain.

L'univers était créé ; mais la terre était déserte , et les merveilles de la nature manquaient du spectateur intelligent qui devait les compléter. L'homme est formé , et les déserts de la création se couvrent de sa race.

Bientôt resserrés dans le berceau de l'espèce , les hommes sont obligés de se séparer : quelques familles partagent l'univers connu, et un petit nombre d'états se forme. La guerre ne tarde pas à dépeupler ces nouvelles colonies. Ces temps sont enveloppés de ténèbres épaisses, et le premier grand empire qui se distingue dans l'histoire , est celui des Assyriens. Bélus , Ninus , Sémiramis, s'élèvent tour à tour sur le trône qui maîtrise l'Asie , et l'efféminé Sardanapale termine au bout de douze cents ans une suite de rois dont quelques-uns seulement ont survécu à l'oubli. Déjà tous les arts utiles et tous les élémens des sciences sont découverts. Chez les Chaldéens et les Egyptiens , des sages cultivent des connaissances

qui ont été apportées des Indes , source
primitive où l'origine des sciences se perd
dans une obscurité impénétrable. Les Phé-
niciens couvrent de colonies commerçantes
les bords de la Méditerranée , et avancent
en peu de temps les progrès de l'industrie.
La soif des conquêtes contribue elle - même
à l'accroissement des lumières : les conquérans agrandissent l'univers. Aussi, dès qu'un
peuple conquérant est éteint , un autre lui
succède , et les empires n'ont pas le temps
de respirer. Ninive , Babylone , Jérusalem,
sont de continuels théâtres de carnage ; la
destruction et la mort inondent cette partie du globe ; les peuples sont traînés en
esclavage ; les vainqueurs apprennent aux
vaincus leurs arts et leurs coutumes , et
les vaincus forcent quelquefois les vainqueurs à se plier à leurs usages. Toutes ces
révolutions servent l'espèce humaine par
les communications lointaines qu'elles établissent entre les peuples. Des empires se
forment sur les ruines des premiers, et étonnent par leur législation : ces empires , dans

l'espace de plusieurs siècles , fleurissent et
se démembrent.

Cependant le théâtre de nos fureurs s'a-
grandit. Troie soutient un siége de dix
ans : cet événement , autour duquel viennent
se grouper tant de souvenirs poétiques ,
ne serait rien dans nos temps modernes ,
mais il devait être à cette époque de la
plus haute importance. Les peuples de la
Grèce commencent à sortir de l'obscurité ,
ces peuples qui ont créé tant de chefs-
d'œuvre. Cyrus avait réuni à l'Assyrie , la
Médie et la Perse , et ses successeurs qui
n'étaient pas encore contens de ce vaste héritage , veulent y joindre le Péloponnèse ;
ils trouvent l'écueil de leur puissance et
le tombeau de leurs armées dans ce petit
coin de l'Europe. L'univers se repose. Athènes commerçante est le centre de la politesse
et des beaux-arts. Les sciences et les arts
commencent à rassembler les matériaux que
l'expérience avait accumulés ; et tout-à-coup
Alexandre paraît : il n'a fait que passer sur

la terre , mais il a assez vécu pour changer encore une fois la face du monde , et pour laisser à ses lieutenans un héritage de deux cents ans de guerres épouvantables.

L'univers avait besoin d'un peuple conquérant , et les Romains viennent remplir la scène du monde , vide depuis si long-temps. Ce peuple étonnant, qui, resserré dans les murs d'une petite ville, avait déjà l'instinct de sa future grandeur , s'agite dans l'Italie ; mais, trop à l'étroit, il s'élance , et ses premiers pas annoncent qu'il ne s'arrêtera que lorsqu'il aura conquis le monde: il a passé les mers , Carthage et Corinthe sont tombées ; par-tout vainqueur , par-tout triomphant , il n'a plus d'ennemis à vaincre. L'industrie et les arts n'ont point fait de progrès chez ces Romains ; mais en rassemblant tous les hommes sous un même joug , ils ont fondu toutes les sociétés humaines pour n'en former qu'une grande masse. Cependant le luxe de l'Asie a énervé ces redoutables conquérans ; leur gran-

deur touche à sa fin , et le colosse couvre de ses débris le monde entier.

Jusqu'à présent l'espèce humaine a été
régénérée par des moyens violens ; elle va
l'être par les moyens les plus doux et les
plus pacifiques : toutes les révolutions ont
été locales , celle-ci va être universelle. Je-
sus-Christ prêche l'évangile dans la Judée.
La Vérité éternelle qui n'avait fait entendre
ses oracles qu'à un peuple dépositaire des
traditions primitives , les fait retentir par
toute la terre ; d'affreuses superstitions ces-
sent, le sang des hommes ne coule plus
sur les autels , l'univers n'adore plus des
divinités bizarres et cruelles, l'empire du
paganisme est détruit , le Christianisme as-
seoit les fondemens de la morale.

C'est à cette époque , que des flots de
Barbares viennent tout-à-coup inonder l'empire Romain, et finissent par s'en partager les
débris : les Goths, les Huns, les Vandales, les
Sarasins se succèdent , et ne nous laissent
aucune trève. Pendant que l'empire d'occident

est ainsi déchiré, un nouveau système religieux, sacrilége plagiat du judaïsme et du christianisme, dépeuple l'orient : l'univers se dé-
bat entre les soldats d'Odin qui le pressent
d'un côté, et ceux de Mahomet qui le
pressent de l'autre. Un grand homme est
appelé, au milieu des orages, sur le trône
d'occident ; il rend un service éclatant à
l'humanité, en affermissant l'empire du christianisme qui, par son universalité, doit
nécessairement faire de l'espèce humaine
un ensemble plus homogène. Après la mort
de Charlemagne, ce bel empire d'occident est
partagé par ses successeurs trop faibles pour
porter le poids de cette vaste administration.

Cependant cette religion musulmane prê-
chée avec le sabre, est crue aveuglément par
des hordes féroces : cette religion de la
brutalité et de l'ignorance, aurait fait un
mal épouvantable à l'espèce humaine, si
les serviteurs du Christ n'eussent pas porté
la guerre dans la Palestine. Que le succès
des Croisades n'ait pas été complet, il

n'en est pas moins vrai qu'elles ont circonscrit l'Islamisme dans ses véritables limites, et que les Européens ont été disposés, par les voyages d'outre-mer, par le commerce des Arabes, par leurs communications entr'eux, à voir renaître le flambeau des sciences et des arts ; l'univers en effet ne tarda pas à sortir encore une fois de sa barbarie.

Les chefs - d'œuvre de l'antiquité sont connus et étudiés, les langues modernes se forment et se polissent, l'imprimerie multiplie les productions du génie, et rend désormais impossible le retour des premières ténèbres. C'est dans ces circonstances heureuses que Christophe Colomb découvre l'Amérique : ici commence un autre ordre de choses ; toutes nos idées se sont agrandies comme notre globe ; les sciences et les arts s'enrichissent de nouvelles découvertes, et l'esprit humain s'enorgueillit de ses succès.

Nous avons été sur le point de voir ces succès sans fruit, et l'esprit humain reculer vers la barbarie. Si le monument que je propose eût existé , sans doute qu'un nouvel Omar y aurait porté sa torche révolutionnaire , pour consigner sa déplorable immortalité sur de vaines cendres qui auraient été un édifice majestueux. Heureusement que le temps est venu où non-seulement on n'a plus à craindre de voir détruire les monumens qui attestent la gloire de nos pères , mais encore où l'on peut espérer de voir accueillir des projets qui portent un certain caractère de grandeur.

Si celui que je présente n'est qu'une ébauche , le temps et l'expérience viendront le perfectionner. Puisse-t-il l'être sous les auspices de celui qui nous donne la morale , la science , la valeur et les justes récompenses , pour voir la jeunesse née du sein des orages politiques , contempler l'ouvrage de Dieu , dans un édifice fondé pour des choses aussi durables que la gloire du fondateur !

OBSERVATIONS

OBSERVATIONS

SUR LA MOSAÏQUE,

LES ENDUITS ET STUCS.

OBSERVATIONS

SUR LA MOSAÏQUE,

LES ENDUITS ET STUCS.

Si Ninive et Babylone vantaient leurs tours, leurs palais et leurs ponts, Venise a les mêmes droits; puisque parmi les richesses et la majesté que l'art de bâtir a étalées dans les états de cette République, on trouve un nombre considérable d'édifices capables de former les architectes qui veulent s'élever au beau, et qui rappellent ceux que le génie de Périclès, la grandeur d'Alexandre, et le goût admirable d'Auguste, firent élever avec l'éclat que des siècles heureux donnent aux sciences et aux arts. Aussi, c'est avec raison que le poëte Sannazar dit , en chantant les merveilles de **Venise** :

Illam homines dices , hanc posuisse Deos.

C'est en suivant les bords de la Brenta pour se rendre dans cette ville qui semble avoir été lancée à la mer comme un navire , qu'on est agréablement surpris de la quantité de palais qui bordent ce canal, aux rives duquel l'œil toujours enchanté se promène sur des proportions aussi pures que celles des édifices qui ornaient la Grèce , et ranime sa paupière sur les riantes campagnes qui prêtent leurs charmes ravissans à ces somptueuses demeures.

Ainsi Venise , Padoue , Vicence et Vérone sont enrichies des chefs-d'œuvre qui ont immortalisé Palladio (1), et lui ont valu le surnom de Raphaël de l'architecture. Aussi , c'est à mon retour de Rome , que , glanant sur ce champ tout couvert de ce qui rappelle les beautés de l'antique et

---

(1) Palladio naquit à Vicence en 1518, et mourut en 1580.

l'âge fortuné des arts , je trouvais à chaque pas des choses dignes d'être offertes à ma patrie. En attendant que les circonstances me mettent à même d'y faire quelque chose de grand , je lui offre , pour premier tribut de ma récolte vénitienne , la mosaïque.

Sans aller fouiller dans l'obscure antiquité pour y trouver une idée des premières mosaïques qui ont été faites , nous en avons sous les yeux une image assez sensible dans les palais , les églises d'Italie , et principalement à Venise , pour développer ce genre de construction , au point de révéler complétement le prétendu secret que l'on attache à cette fabrication , que quelques personnes regardent comme impossible , depuis que les Romains ne pillent plus le monde pour nous faire ces présens. Mais comme il y a plusieurs espèces de mosaïque , je m'attache à décrire ici celle que Philander nomme *pavimenta sectilia* , qui est la même qui se pratique encore en Italie.

Celle dont je traite, qui se fait tant intérieurement qu'extérieurement, sur la terre, sur voûte et sur plancher, se construit toujours de la même manière, et il ne peut y avoir de changement que dans le dessin. Avant de dire ce que l'expérience m'en a appris, je rappelle tout ce qu'en a dit Vitruve dans le premier chapitre de son septième livre, où il s'exprime ainsi :

«Je commencerai par dire comment la rudération (1), qui est principalement nécessaire

---

Notes du Traducteur de Vitruve.

(1) *La rudération.* Nous n'avons point de nom en français, pour signifier celui de *ruderatio* ; nous avons seulement un verbe, qui est hourder ; c'est pourquoi j'ai retenu le mot latin. Rudération est une confection et application d'un mortier plus grossier et moins fin que celui qui doit faire la superficie de l'enduit. On s'en sert pour affermir le dernier enduit, et pour empêcher que l'enduit du mortier fin ne soit rendu inégal et plein de bosses, par l'inégalité des pierres du mur qui doit être enduit ; et aussi pour donner aux plan-

pour faire de bons enduits, parce qu'il faut les appliquer sur quelque chose de solide, doit être faite. Pour un plancher à raiz-de-chaussée, il faut applanir la terre si le lieu est solide ; ensuite étendre la composition dont est faite la rudération, sur (2) une première couche :

---

chers une épaisseur suffisante pour soutenir le pavé. C'est pourquoi Vitruve dit que *ruderatio principia tenet expolitionum* ; c'est-à-dire, que sans elle les enduits ne peuvent être polis, et les planchers ne peuvent être bien unis. *Ruderatio* est dite, ou *à ruderibus*, qui sont les ruines des bâtimens, ou *à ruderibus et impolitis lapidibus*, ou *à rude seu vecte quo subigebatur.*

(2) *Une première couche.* Je traduis ainsi le mot *statumen*, qui signifie tout ce qui est mis dessous pour soutenir et affermir quelque chose ; *id quo res stare potest*, ainsi qu'Hermolaus sur Pline l'interprète. Quelques-uns croient que le *statumen* se faisait de la manière que nous appelons hourder, et que les cailloux y étaient mis tout secs, sans mortier et sans chaux. Cela semblerait raisonnable, si le texte n'y était pas contraire sur la fin du chapitre, où il est dit que le *statumen* doit être fait de cailloux, de chaux et de ciment :

mais si le lieu est entièrement, ou même en partie, de terre apportée, il le faudra affermir avec un grand soin, et le battre avec le bélier dont on enfonce les pilotis.

» Pour les planchers des étages, il faut bien prendre garde qu'il ne se rencontre point de murs au - dessous, tels que sont ceux qui ne vont point jusqu'au haut de l'édifice ; et s'il s'en trouve quelqu'un, il faut qu'il soit un peu plus bas que le plancher, qui ne lui doit pas toucher, de peur que s'il vient à s'affaisser, le mur demeurant ferme, ne rompe le plancher qui baissera des deux côtés : il faut aussi prendre garde de ne pas

---

Ruderi novo tertia pars testæ tuscæ admisceatur, calcisque duæ partes. Staluminatione factâ, etc. Si ce n'est qu'on veuille dire que le gros mortier mis sur les cailloux et les pierres sèches, sont un *statumen* à l'égard du mortier fin qui se met le dernier, de même que les cailloux seuls et les pierres sèches le sont à l'égard du gros mortier qu'elles soutiennent.

mettre (3) des planches d'escule avec celles de chêne , parce que le chêne , sitôt qu'il a reçu l'humidité , se déjette et fait fendre le pavé. Toutefois , si l'on n'avait point d'escule , et que l'on fût obligé de se servir de chêne , il faudrait rendre les planches fort minces , afin qu'étant affaiblies , on les pût arrêter plus aisément avec des clous.

» On attachera donc les planches sur les solives avec des clous de chaque côté , afin d'empêcher qu'en se tourmentant elles ne s'élèvent par les bords. Car pour ce qui est de *cerrus*, de (4) *farnus* et de *phagus* , ce sont des bois qui ne peuvent pas durer

______

(3) *Des planches d'escule.* Vitruve a voulu dire qu'il ne faut pas mêler des planches de chêne avec celles d'*escule*, en disant qu'il ne faut pas mêler celles d'*escule* avec celles de chêne. Il a été parlé de l'*escule* , du *cerrus* et du *phagus* dont il est fait mention dans ce chapitre , au *second livre* , *chapitre* 9.

(4) *Farnus.* Philander dit que ce nom est demeuré en Italie à une espèce de chêne. Le *Dictionnaire de la Crusca* n'en parle point ; mais

long-temps. Les planches étant clouées , il les faudra couvrir de fougère , ou de paille , pour empêcher que la chaux ne gâte le bois : là - dessus on mettra la première couche faite avec des cailloux qui ne seront pas moins gros que le poing , et par-dessus on étendra la rudération , dans laquelle on mettra une partie de chaux pour trois de cailloux , si ces cailloux sont neufs , car s'ils sont pris de vieilles démolitions , on mettra deux parties de chaux pour cinq parties de cailloux. La matière de la rudération étant couchée , on la fera battre long-temps avec des léviers , par des hommes disposés dix à dix ; (5) en sorte qu'a-

---

il se trouve dans celui d'Oudin , que l'arbre que les Italiens appellent *farnia* , a les feuilles semblables à celles du chêne , et qu'il a le bois extrémement dur ; ce qui ne s'accorde pas avec **le** texte de Vitruve , qui dit que le bois *farnus* ne peut durer long-temps.

(5) *En sorte qu'après avoir été suffisamment battu.* Je traduis comme s'il y avait , *id pinsum et absolutum , non minus sit crassitudine dodrantis;* au près avoir été suffisamment battu , il n'ait pas moins de neuf pouces d'épaisseur : là - dessus on fera le noyau, qui n'aura pas moins de six doigts d'épaisseur ; il sera fait avec du ciment, auquel on mêlera une partie de chaux pour deux de ciment : sur ce noyau on mettra le pavé , bien dressé avec la règle, soit qu'il soit (6) de pièces rapportées , ou que ce soit seulement de carreaux. Quand le pavé sera posé , avec la pente qu'il doit

---

lieu qu'il y a , *id non minus pinsum absolutum crassitudine sit dodrantis* , ce qui n'a point de sens , à cause de la transposition des mots.

(6) *De pièces rapportées.* Philander entend par *pavimenta sectilia* , la mosaïque. Mais je n'ai pas cru que Vitruve l'entendît ainsi ; parce qu'il oppose *pavimentum sectile* à celui qui a *tesseras* , c'est-à-dire dont la figure est cubique : et il est certain que les pièces dont la mosaïque était faite , devaient être cubiques ou approchantes de la figure cubique, afin qu'elles se joignissent parfaitement l'une contre l'autre , et qu'elles pussent imiter toutes les figures et toutes les nuances de la peinture ; chaque petite pierre n'ayant qu'une

àvoir, on l'usera (7) avec le grès ; en sorte que s'il est de petites pièces coupées (8) en

---

couleur , de même que les points de la tapisserie à l'aiguille. Mais cela n'est pas à l'ouvrage de pièces rapportées , pour lequel on choisit des pierres qui aient naturellement les nuances et les couleurs dont on a besoin , en sorte qu'une même pierre a tout ensemble et l'ombre et le jour ; ce qui fait qu'on les taille de différentes figures , suivant le dessin qu'on veut exécuter, et c'est en cela que consiste l'essence du *pavimentum sectile.*

(7) *Avec le grès.* Le grès n'est pas dans le texte , mais je l'ai ajouté pour parler à notre mode. Les anciens polissaient les planchers avec une pierre à aiguiser , et il y a apparence qu'ils choisissaient pour cela la plus rude : or , nous n'en avons point de plus rude que le grès.

(8) *En quarré oblong. Scutula* sont dites de *scutum* , qui signifie un bouclier long , différent de *clypeus* , qui était un bouclier rond. Le mot *scutula* est employé en une autre signification en plusieurs endroits du dixième livre de Vitruve.

quarré oblong, en quarré, ou en (9) hexagone, elles ne fassent rien de raboteux, mais qu'elles soient si bien usées sur les bords, que tout soit égal et bien uni : tout de même, s'il est de grandes pièces quarrées, on aura soin d'user si bien tous les angles, qu'ils soient parfaitement égaux. Il faudra aussi choisir les carreaux de Tivoly, que l'on dispose en forme d'épis de blé, et prendre garde qu'ils n'aient point de creux ni de bosses, mais qu'ils soient dressés bien juste.

» Lorsqu'à force d'user les éminences, les carreaux seront bien unis et égaux, on sassera

---

(9) *En hexagone.* J'interprète ainsi le mot *favi*, qui signifie les gâteaux des mouches à miel, parce que les cellules des mouches, dont ces gâteaux sont composés, sont hexagones. La vérité est néanmoins, que *favi* signifie une espèce d'hexagone différente de celle des carreaux dont nous nous servons, qui est l'hexagone dont les six faces sont égales ; car l'hexagone qui est semblable aux gâteaux des mouches à miel, a deux de ses côtés plus grands que les quatre autres.

du marbre , et par-dessus on couchera (10)
une composition faite de chaux et de sable.

---

(10) *Une composition.* Il n'y a , ce me semble ,
point d'apparence que cet endroit se doive entendre à la lettre , ainsi que Philander l'a pensé ,
quand il a expliqué le mot de *torica*, comme
si Vitruve voulait dire qu'après que le pavé sera
bien dressé et poli , on le couvrira d'un enduit
de mortier ; car cela est sans raison , puisque
cet enduit couvrirait et cacherait la marqueterie ,
et toute autre sorte de pavé qu'il aurait été inutile de polir avec tant de soin : de sorte qu'il
est plus croyable qu'il veut que l'on passe et
que l'on couche de ce mortier fin et subtil sur
tout l'ouvrage , pour racler ensuite tout ce qui est
sur les carreaux , et ne laisser que ce qui est
dans les jointures , comme font ordinairement les
paveurs. La poudre de marbre qui est sassée sur
tout l'ouvrage , avant que d'y mettre la couche
de mortier , de chaux et de sable , est à mon avis
pour que ce mortier ne tienne pas aux carreaux ,
et qu'il s'attache seulement au mortier qui est déjà
dans les joints ; parce que la poudre de marbre n'empêchera pas que le mortier qui est dans les joints
ne s'unisse avec celui de cette dernière couche ,
à cause de l'humidité qui est dans les deux mor-

» Mais pour les pavés qui sont à découvert, il faut plus de précaution, à cause que la charpente qui soutient le pavé, se tourmentant par l'humidité qui l'enfle, et par la sécheresse qui la rétrécit, ferait bientôt entr'ouvrir le pavé que la gelée et les bruines achéveraient aisément de gâter ; de sorte que si l'on a besoin d'un bon pavé qui résiste encore mieux aux injures de l'air, il y faudra travailler en cette manière. Ayant cloué un rang d'ais, on en couchera un autre par-dessus en travers, que l'on arrêtera aussi par des clous ; dessus ce double plancher on mettra la première couche, faite de cailloux neufs, mêlés avec une troisième partie de tuileaux pilés, ajoutant à cinq parties de cette mixtion deux parties de chaux : cette couche étant faite, on mettra

---

tiers qui doivent se joindre, laquelle ne se rencontre pas au carreau, qui, par cette raison, souffrira aisément que la couche de mortier qui est mise sur tout l'ouvrage, soit séparée de sa superficie quand on la raclera.

de la rudération, laquelle étant bien battue aura encore au moins l'épaisseur d'un pied ; dessus cette rudération on fera le noyau, comme il a été dit, sur lequel on mettra de grands carreaux épais de deux doigts , et posés en sorte qu'ils soient élevés, par le milieu, de deux doigts pour six pieds. Cet ouvrage , s'il est bien fait et poli comme il faut, ne sera point sujet à se gâter : or, afin d'empêcher que la gelée, pénétrant par les joints des carreaux , ne pourrisse les planches de bois , il sera bon, tous les ans avant l'hiver, de faire boire au carreau de la lie d'huile autant qu'il pourra , car cela empêchera que l'humidité ne pénètre : que si l'on veut encore mieux faire , il faudra mettre sur la rudération, des carreaux de deux pieds, qui auront tout autour des canaux creusés d'un doigt, lesquels seront remplis de chaux détrempée avec huile , et les jointures seront fort serrées ; en sorte que la chaux enfermée dans ces canaux , venant à durcir , empêchera que l'eau ni quelque autre humidité ne puisse passer par ces jointures.

jointures. Sur les grands carreaux ainsi joints, on fera le noyau, sur lequel, après qu'il aura été bien battu, on pavera comme il a été dit, soit avec de grandes pierres quarrées, soit avec de petits carreaux de Tivoly en forme d'épis, observant de tenir le pavé un peu élevé par le milieu ; et l'on peut être assuré que cette besogne durera long-temps sans se gâter. »

Le motif qui m'a déterminé à rappeler le premier chapitre du septième livre de Vitruve dans son entier, comme on le voit, n'a pas été de donner d'autre interprétation que celle que M. Perault y a donnée, suivant les notes de son excellente traduction ; mais de mettre plus à la portée de tout le le monde, un genre de construction que l'auteur a décrit dans un temps et un pays où l'on était plus disposé à exécuter grandement et solidement, qu'on ne l'a été depuis cette époque.

D'ailleurs, il est, comme on va le voir, une infinité de détails sur lesquels Vitruve n'avait pas besoin de s'étendre , parce qu'il écrivait pour des hommes exercés, mais qu'on rencontre si difficilement aujourd'hui , que j'ai pensé , sans vouloir ajouter au mérite de cet auteur , qu'il était nécessaire de faire connaître plus positivement tout ce qui appartient à cette construction, comme une suite de ce qu'il en a dit. Et pour ne pas tenir plus long-temps le lecteur en haleine , j'observe que si tout ce qui est dit dans le premier chapitre du septième livre, doit être maintenu , c'est pour ce qui concerne les édifices publics , et qu'il n'en est pas de même pour des dimensions moindres , parce que tout est relatif aux proportions ; et lorsque l'auteur parle d'un pied d'épaisseur pour la rudération , et d'un noyau de ciment qui n'aura pas moins de six doigts plus le pavé, ce qui ferait en tout dix-huit pouces d'épaisseur, il entend que ce serait pour une salle de quarante pieds sur soixante; tandis que pour une de vingt sur trente , neuf pouces suffiraient , et que pour nos salles ordinaires qui sont de quinze sur vingt, l'é-

paisseur peut être réduite à celle de nos carrelages et parquets , qui est toujours de six
à sept pouces , et quelquefois moindre.

Quant à la qualité des bois à employer,
on sait que le sapin se conserve parfaitement dans la maçonnerie , et qu'il n'est
besoin, en l'employant à des planchers , que
de bien clouer les planches aux solives , qui
ne doivent , pour cette espèce de construction , avoir plus de cinq pieds de portée
et quatre pouces six lignes franc d'équarrissage,
à moins qu'on ne fasse les planchers tout
en grosses pièces, ce qui vaut encore mieux ,
non - seulement pour la solidité , mais par
rapport aux distributions , qui sont toujours
défectueuses lorsqu'on emploie des poutres
pour recevoir des solives (1). Ainsi le sapin,
qui a beaucoup d'air et de feu, peu d'eau et de
terre , et qui, selon la qualité des choses qui le
composent, n'a pas de pesanteur, reste ferme et

---

(1) Neuvième chapitre du second livre de
Vitruve.

tendu, ne plie point sous le faix, et tient les planchers fort droits , me paraît devoir être employé de préférence à toute autre espèce de bois, principalement pour les planchers destinés à recevoir la mosaïque , qui se fabrique de la manière suivante.

Après avoir attaché au plafond des lattes, ou cannes d'étang, ou genêt, et n'ayant plus à frapper sur le bois ', on fera le travail au-dessus sans craindre de gâter celui de dessous , qui pourra s'achever sans nuire à celui de dessus , qui se commencera par une rudération composée de ruines de bâtimens , desquelles on sortira avec précaution tous les petits morceaux de bois qui dans les démolitions se mêlent avec les décombres, et feraient fendre le ciment , ou le souléverait ; ensuite on mettra , comme il est dit plus haut, deux parties de chaux totalement éteinte, pour cinq parties de ruines ; alors on fera le mélange avec un rateau de fer , et on ne mouillera que comme on humecte la terre pour faire le pizé : ce mélange achevé , on étendra la

rudération avec le rateau sur tout le plancher, en en mettant suffisamment pour qu'é-
tant battu ferme et de niveau, son épaisseur
pour une salle ordinaire, soit de cinq pouces. On se servira, pour battre cette première couche, d'un plot de chêne de neuf
pouces en quarré, sur neuf de hauteur, et
six d'équarrissage par le haut, lequel aura
deux manches de bois blanc fixés au plot
par deux entailles à queue d'aronde, qui
commenceront à deux pouces du bas : ces
manches ainsi fixés auront quatre pieds huit
pouces de hauteur, et quinze pouces d'éva-
sement à leur extrémité de l'un à l'autre ;
par ce moyen l'ouvrier battra sans se baisser
et avec peu d'efforts.

Pendant qu'on achévera de battre cette
première couche, on fera le ciment pour
la couvrir de deux pouces d'épaisseur ; il
sera composé de tuileaux et briques pilés,
de manière à ce que les morceaux les plus
gros soient comme une féve, et l'on mettra
une partie de chaux avec deux de ciment,

pour le tout être broyé et étendu comme le mortier qu'on emploie pour les carrelages, ayant soin d'asperger légérement la rudération avant de mettre le noyau de ciment, afin qu'il s'y attache mieux.

Ce ciment étendu, on le nivellera avec la règle, en suivant des repères qu'on aura disposés à cet effet. L'opération du niveau achevée, lorsque le noyau commencera à faire sa prise, on tracera avec une pointe de fer le dessin ; alors les morceaux de marbre, grands ou petits, destinés à son exécution, seront placés sur le ciment suivant les lignes tracées avant qu'il ne durcisse, ou s'il prenait trop vîte, on aurait soin de l'arroser, pour donner le temps de faire tous les compartimens. Ces marbres étant placés, on variera, suivant leur couleur, les semences qu'on voudra faire pour imiter différentes espèces de granits. Il suffit de savoir que le ciment est pour recevoir toutes sortes de placages en marbre, et qu'ils doivent être enfoncés avec le plot dont j'ai désigné la forme : avant de les enfoncer tout-à-fait , on étendra sur le tout de la poussière de marbre , ensuite on enfoncera complétement , en arrosant légérement, jusqu'à ce qu'il n'y ait aucun vide ni gersures. Le pavé étant ainsi fixé dans le noyau , il faut avoir un morceau de grès de vingt livres pesant, pris d'une meule de coutelier ; on lui fera un côté droit pour la base , et on l'adaptera de champ à un plot de chêne entaillé de trois pouces pour le recevoir ; à ce plot sera un manche de sept pieds de longueur en bois léger , et élevé de terre à son extrémité de trois pieds, afin que l'ouvrier ait de l'aisance à pousser et retirer son grès qu'il proménera sur son pavé en arrosant toujours , et frottera autant qu'il le faudra pour que le ciment fournisse une pâte qui, couvrant tout le marbre, ne laisse aucuns joints. Alors on prendra une lame de fer qui n'aura pas moins de deux pieds et six pouces de longueur par trois pouces de largeur et trois lignes d'épaisseur , le bout un peu relevé, le manche courbé moins

E 4

à l'équerre qu'une truelle , et élevé de terre de dix - huit pouces à son extrémité , pour moins fatiguer l'ouvrier, qui ne cessera le frottement du grès que pour battre sa mosaïque en tout sens et à coups justes et sonores, avec le plat de cette lame ; ensuite reprendra le grès , arrosera , frottera et battra alternativement ; quittera la lame tout-à-fait pour achever de frotter avec un grès plus fin , qui montrera les couleurs de la mosaïque comme un bloc de marbre prêt à recevoir le lustre. Cependant il aura à lever la pâte avec le plat d'une truelle très-fine et d'une petite dimension , en passant toujours avant, le grès à la main, comme une molette à broyer les couleurs. Ce travail achevé, on y étendra du son sous un vieux linge propre , et la main à plat dessus on frottera légérement en tout sens pour découvrir l'ouvrage en entier ; et si l'on en veut colorer quelques parties , on se servira des mêmes couleurs que pour les peintures à fresque , pendant que le ciment sera frais ; on peut être assuré qu'elles pénétreront

cuffisamment pour résister. Mais si le choix
des marbres est bien fait et placé avec goût,
cela vaut encore mieux ; parce que si
l'on voulait, vingt ans après cette fabrication , repasser le grès , on altérerait
les couleurs factices. D'ailleurs, il n'est point
de limite dans cette partie ; on peut y faire
tout ce que le goût inspire , et ce que la
fortune permet. Il faudra , pour que l'ouvrage
soit beau, le laisser sécher complétement
avant d'y donner le lustre. Lorsqu'il est bien
traité, au bout de vingt-quatre heures il s'éta-
blit un suintement considérable qui se mani-
feste sur toute sa surface par des gouttes
d'eau grosses comme des pois , pendant
cinq ou six jours ; et bien qu'elles paraissent entièrement évaporées , le pavé ne peut
être parfaitement sec avant deux mois : alors
il pâlit , devient sonore , et ne reprend son
premier éclat qu'avec le lustre , qui se donne
en ôtant premièrement la poussière , et en
faisant fondre une demi-livre de savon dans
deux pintes d'eau , dans laquelle savonnade
l'on met huit blancs d'œuf et deux once

de cire jaune ou blanche , le tout seulement tiède , crainte de faire cuire les blancs
d'œuf : lorsque cela est bien battu on trem-
pe un linge usé dans cette composition, pour
en passer en tout sens sur la mosaïque en
frottant à moitié force, et on laisse sécher.
Le lendemain on fait chauffer , dans une
terrine , de l'huile de noix , dans laquelle
on tourne de la cire jaune , jusqu'à ce qu'elle
soit fondue comme pour faire du cérat; quand
cette dernière préparation est presque froide , on la passe généralement aussi avec
un linge, et le lendemain l'on peut frotter avec des morceaux de vieux drap, tou-
jour la main à plat sur le frottoir; alors
le brillant fait paraître la mosaïque aussi
transparente que du cristal : c'est ainsi qu'à
force de frotter on obtient un éclat au-
dessus de celui du marbre. L'entretien est
peu de chose, puisqu'il suffit de laver, de six
en six mois , avec de la lessive , passer un
linge imbibé de crasse d'huile , et frotter
avec le drap.

Tels sont les détails dans lesquels j'ai cru devoir entrer; et je croirais encore n'avoir pas atteint complétement le but que je me suis proposé , si je ne disais que la mosaïque fabriquée suivant la description que j'en fais , ne coûte pas plus que le carrelage ordinaire. (1)

---

(1) J'ai fait exécuter chez moi , par un paveur Vénitien , trois mosaïques , et je me suis convaincu que si quelques-uns de ces paveurs venaient en France , il se formerait des élèves , qui feraient ce travail bien au-dessous du prix de nos carrelages ; et les personnes qui ont déjà usé de ce procédé , sont persuadées que je n'avance rien de trop.

Si pour les travaux hydrauliques on faisait venir des charpentiers Hollandais , il se formerait aussi des élèves , et ce genre de construction acquerrait beaucoup , serait moins dispendieux et mieux fait ; et comme plusieurs personnes ont de la peine à croire qu'à Venise l'on change à volonté les pilotis qui portent des constructions , les Hollandais pourraient les persuader , par les mêmes travaux qui se font à Venise.

Si l'empire de l'habitude ne fait pas repousser mon hommage , on sera peut-être
étonné , en voyant les résultats , qu'une chose
si agréable, si utile sous tant de rapports ,
et si essentiellement liée à l'architecture , n'ait
pas reparu en France depuis les Romains ,
tandis que les Vénitiens ont conservé ce
procédé , et le préfèrent à tout autre genre
de parquet. Mais si j'ai parlé de choses
connues par tradition , et qu'on ne pratique
pas , on verra que c'est moins pour m'en
faire un mérite , que pour rendre , s'il m'est
possible , à l'architecture l'un de ses principaux accessoires.

Après avoir dit ce qui appartient au pavé,
je vais entretenir encore le lecteur du stuc
et des enduits , et placerai , comme précé-
demment , les connaissances pratiques à la
suite de ce que Vitruve nous apprend, lorsqu'il
dit : 1.° Que la chaux, pour le stuc et pour les
autres enduits , doit être éteinte depuis long-
temps , afin que s'il y a quelque morceau
qui ait été moins cuit que les autres dans

le fourneau, il puisse, étant ainsi éteint
à loisir, se détremper aussi aisément que
ceux qui ont été parfaitement cuits ; car,
dans la chaux qui est employée en sortant
du fourneau et avant qu'elle soit suffisamment éteinte, il reste quantité de petites
pierres moins cuites, qui font sur l'ouvrage
comme des pustules, parce que ces petites
pierres venant à s'éteindre plus tard que le reste
de la chaux, elles rompent l'enduit et en gâtent
la polissure : 2.º Qu'on enduira les murailles
grossièrement, et qu'avant que l'enduit soit
tout-à-fait sec, on aura soin d'ébaucher les
corniches et autres saillies que l'on veut
faire, avec du mortier de chaux et de sable ;
qu'à mesure que cet ouvrage séchera, il
faudra mettre une seconde et une troisième
couche de mortier, parce que plus il y aura
de couches de mortier pour fonder les saillies, plus elles seront fermes et moins su-
jettes à se rompre ; et qu'après que les trois
couches de mortier auront été appliquées
sur le premier dégrossissement, on mettra
celles qui seront faites de poudre de

marbre , et dont le mortier sera tellement corroyé et pétri, qu'il ne tienne point à la petite truelle , c'est-à-dire que son fer s'en retire bien net : sur la première couche de mortier de poudre de marbre à gros grains, et avant qu'elle soit sèche , il en faut mettre une seconde de la même poudre un peu plus fine , et après qu'elle aura été bien battue et repoussée , on mettra la troisième de poussière très-fine. Les murs étant ainsi couverts de trois couches de mortier de sable, et d'autant de celui de marbre , ils ne seront points sujets à se fendre ni à se gâter , pourvu que les couches aient été bien battues et repoussées : le marbre donnera une blancheur et une dureté qui rendra les couleurs que l'on couchera dessus , très-vives et très-éclatantes. Or , les couleurs appliquées sur le stuc avant qu'il soit sec , se conservent toujours , parce que la chaux qui a été dans le fourneau épuisée de son humidité, et rendue rare et aride, boit avec avidité tout ce qui la touche; ainsi elle se sèche avec les couleurs , en sorte que du mélange de l'un et

de l'autre , ainsi que de diverses semences
et de principes différens , il naît un composé
qui conserve les qualités de ces principes : car
le mortier est revêtu de la forme que la peinture
lui donne, et la peinture reçoit la solidité, s'il
faut ainsi dire , qui est propre au mortier.
C'est pourquoi lorsque les enduits sont faits
comme il faut, les couleurs ne se gâtent
point par le temps, et ne peuvent s'effacer quand on les lave , si ce n'est qu'elles
aient été couchées sur le stuc quand il est
trop sec. Mais si on ne mettait qu'une couche
de mortier de sable et une de marbre, cet
enduit serait si mince, qu'il se romprait aisément , et ne pourrait jamais recevoir la
polissure , à cause de son peu d'épaisseur;
de même qu'un miroir fait d'une lame d'argent trop déliée, ne reluit que faiblement
et incertainement, au lieu que celui qui
est fort solide et clair , représente les images
plus distinctement, parce qu'il souffre mieux
la polissure. Ainsi, les enduits qui sont minces, sont sujets à se gerser , et ils perdent
incontinent tout leur lustre ; mais les en-

duits que plusieurs couches de mortier de
sable et de celui de marbre , ont rendus
assez épais pour recevoir la polissure, à force
d'être bien repoussés et battus , demeurent
si luisans , que l'on peut s'y voir comme
en un miroir. Les ouvriers qui travaillent
en Grèce à ces enduits , outre tout cela ,
font encore battre avec des bâtons et cor-
royer long-temps par des dixaines d'hommes,
dans un grand mortier , le sable et la chaux
mêlés ensemble avant de l'employer ; ce qui
fait un corps si ferme, que l'on se sert de morceaux d'enduit que l'on arrache des vieilles
murailles, pour en faire des tables, et les
pièces qui sont demeurées sur la muraille
qui est fendue , représentent des pièces d'a-
baque et de miroirs.

D'après ces indications , il est aisé de
voir pourquoi nos enduits se gersent, n'ont
aucune consistance , durent si peu. En
ajoutant mes réflexions à ce qu'en dit Vitruve , je crois qu'il sera facile d'arriver à une
exécution meilleure que celle qui se pratique

de

de nos jours ; et c'est pour y parvenir, qu'il faut se persuader que tout enduit ou stuc qui n'est pas appliqué sur un mur complétement sec de sa construction, ne peut tenir, parce que le mur venant à sécher, son humidité qui tend à l'évaporation, repousse l'enduit, principalement lorsqu'il n'est jeté qu'avec la truelle, et ensuite éparveré, comme cela se voit sur tous les bâtimens modernes.

Les enduits sur le pizé réussissent si mal, que nombre de personnes paraissent dégoûtées de l'entreprise de faire décorer ce genre de construction, qui ne présenterait aucune difficulté à la décoration, si l'on voulait attendre qu'elle fût sèche pour y appliquer l'enduit : on ne doit l'entreprendre qu'au bout de deux ans, et un an sur la maçonnerie. Pour le pizé, il faut, avant les chaleurs, s'occuper des enduits en passant un lait de chaux fort clair sur toutes les parties destinées à les recevoir ; le lendemain on en passera un second un peu plus gras, et immédiatement après, le pre-

mier mortier , qui par ce moyen s'attachera parfaitement au pizé , et dans lequel
on mêlera de la poussière de tuileaux bien
corroyée et repoussée avec un maillet sur
un morceau de planche cannelée, ou gravée comme un gaufrier, appliqué sur ce premier mortier, qui , étant ainsi repoussé, se
lie avec la construction , et présente , lorsqu'il est sec , une prise au second enduit,
qui doit être de mortier de sable bien corroyé,
et dont le mélange se fait toujours égal ,
tant pour la chaux , que pour l'eau et le
sable. Lorsque ce dernier enduit est bien
droit , il faut avoir de la poussière de pierre
calcaire ou de marbre, passée au tamis, et
mêlée avec de la chaux éteinte , corroyée
et liquéfiée de manière à pouvoir l'étendre
dessus avec un pinceau, pendant qu'il sera
frais ; il faudra éparvérer avec un morceau
de grès de la forme d'un carreau, dont les
arêtes soient abattues , et auquel on laissera
un relief pour l'aisance de le mouvoir : par
ce moyen , on obtiendra un poli qui ne
laissera aucune prise à l'eau de la pluie,

qui , avec la poussière des ouragans , dé=
pose une crasse telle qu'on l'apperçoit sur nos
enduits, tandis qu'ici la pluie produira l'effet
contraire , puisqu'elle lavera les murs sans
que l'humidité les pénètre , et qu'ils auront
toujours le brillant du marbre , dureront et
feront durer le pizé autant que la construction en maçonnerie. Quant aux enduits à
appliquer sur celle-ci , il faudra , comme je
l'ai dit plus haut , ne les entreprendre qu'un
an après que la maçonnerie sera faite. Les
couches d'enduits seront repoussées de la même manière que je viens de l'expliquer ,
afin qu'elles se lient ensemble , jusqu'à la
dernière , qui doit être battue avec de petites
lames de bois mince et flexible ; ensuite on
achévera en polissant avec le grès: on polit
également avec la craie. .(1)

En faisant de même pour l'intérieur des
édifices , on aura la facilité de pouvoir tenir

---

(1) Voyez *Creta tomentata, chapitre* 3 *du septième
livre de Vitruve.*

lès appartemens plus propres , puisqu'on pourra laver les murs , comme la mosaïque dont j'ai déjà parlé ; et on évitera beaucoup de dépenses pour des lambris qui , le plus souvent , ne servent qu'à cacher des murs sales , mal dressés , et à favoriser des nids de souris , d'insectes et de poussière : aussi le plus beau de nos salons ressemblerait à une écurie , si on en enlevait les lambris , tandis que pour ce qu'ils ont coûté , on aurait pu avoir de très-belles peintures. Enfin , ces boiseries que le goût de la bonne architecture aurait dû proscrire , ont assez paru et paraissent encore trop pour ruiner les propriétaires, tuer les arts, et cacher de l'ordure ; car, si l'architecture a fait de grands progrès depuis vingt-cinq ans qu'elle s'est un peu rapprochée de celle des Grecs, il faut avouer que ce n'est que dans la capitale qu'on se ressent de ce retour au vrai beau , dont on paraît encore éloigné pour long-temps en province , où il y a bien çà et là quelques architectes qui ont vu Paris et même Rome ,

mais desquels on peut quelquefois dire ;
oculos habent et non videbunt. En effet,
n'est-il pas pénible d'entendre sans cesse
parler de belle architecture, et de n'en voir
qu'à Paris ? de belles peintures, et ne les
trouver qu'au Muséum ? de belle sculpture,
et ne la connaître qu'à la salle des Antiques ?
Cependant la capitale abonde en hommes
de mérite, qui ne peuvent pas y être tous
occupés à-la-fois, tandis qu'en province on
serait non-seulement embarrassé d'y faire une
statue passable, mais encore un vase d'une
belle forme ; et pendant 8 ans j'ai vu la ville
de Lyon sans graveur, tandis que l'imprimerie seule pourrait y en occuper continuellement deux : d'après cela faut-il être étonné
du mauvais goût qu'on y trouve en toute
chose ? On finit par s'habituer à des proportions ridicules, à un vilain coloris, et à des
formes désagréables, comme à entendre des
chanteurs de place. Aussi les chartreux de
Lyon consultèrent le menuisier de leur maison pour savoir s'ils pouvaient confier l'exécution de leur saint Bruno en bois à Sa-

rasin. Il est bien vrai que l'Almanach de la ville de Lyon rappelle tous les ans que l'architecture a toujours été en honneur dans cette ville ; que les différens morceaux qu'on y admire , sont un témoignage assuré du goût des habitans et des artistes auxquels on les doit ; que ce goût et cette habileté n'ont pas diminué : mais je crois fort que la complaisance du rédacteur diminuera, ainsi que la barbare jactance de ceux qui ne connaissent que le Cours d'architecture de Blondel. D'ailleurs , sans dédaigner le sentiment vulgaire , on peut dire que la connaissance de la belle architecture est encore à la portée de trop peu de personnes, pour qu'on puisse espérer de voir arriver le beau moment de cet art, qu'il faut cependant faire reparaître pour le conserver exempt des atteintes du caprice. Dans cette attente, je reviens aux enduits pour rappeler ce que dit Vitruve de la qualité de marbre à employer pour ces sortes d'ouvrages. Le marbre est différent en divers lieux. Il y a des endroits où on le trouve par morceaux (1) , dans lesquels il y a de petits grains luisans comme du sel : ce marbre étant pilé et broyé, est bon pour les enduits , et pour les ornemens de corniches et de festons. On se sert aussi des éclats que ceux qui travaillent en marbre font tomber , lesquels étant pilés et sassés, font trois sortes de poudre : la plus grosse sert à faire, comme il a été dit , la première couche que l'on met sur le mortier de chaux et de sable; la moyenne se met ensuite , et la plus déliée la dernière. Ces couches étant bien frottées et repoussées , sont en état de recevoir les couleurs, auxquelles on donne le lustre par la préparation dont on use selon leur différente nature.

Quant aux enduits que l'on peut faire dans les lieux qui sont humides , tels que les

____

(1) Sur les montagnes , à deux lieues de Lyon , route du Forez , on trouve considérablement de cette espèce de marbre.

appartemens des raiz-de-chaussée , il suffit de dire qu'il faut enduire par le bas , environ de la hauteur de trois pieds , avec du ciment , au lieu de mortier de chaux et de sable ; que ce ciment , qui est le même que pour la mosaïque , sera repoussé, battu et uni avec le grès (1) ; qu'il faudra éviter le carrelage , et suivre la manière des Grecs , qui , comme le dit Vitruve , ne déplaît pas , parce qu'elle coûte peu et qu'elle a beaucoup de commodités. Voici ce qu'il en dit : On creuse le plancher de deux pieds de profondeur , et la terre ayant été affermie avec le belier , qui est le plot dont j'ai parlé pour la mosaïque , on fait une couche de mortier ou de ciment , qui étant un peu élevée au milieu , va en pente des deux côtés vers des canaux où il y a des ouvertures. Là-dessus on met du charbon que l'on bat , que l'on entasse fortement , et que l'on couvre d'un autre enduit com-

---

(1) Pour le surplus , *voyez le quatrième chapitre du septième livre de Vitruve.*

posé de chaux, de sable et de cendre, de l'épaisseur de demi-pied , dressé à la règle et au niveau ; et le dessus ayant été frotté avec le grès, on a un plancher fort noir, et qui est très-commode , en ce que tout ce qui est répandu dessus , soit quand on rince les verres , ou quand on se lave la bouche , est incontinent séché , et ceux qui servent à table y peuvent marcher nu-pieds sans être beaucoup incommodés du froid.

Actuellement que l'on prétend avoir beaucoup acquis dans l'art de la construction et de la décoration , que met-on dans les intérieurs à la place de la peinture, de la sculpture , de l'architecture en stuc, et de la mosaïque ? des boiseries vernies , des plafonds de plâtre , des parquets , des carrelages en pierres polies , ou en briques. Hé bien , tout cela est plus cher que ce qui se fait en Italie , et qui se pourrait faire en France , où la boiserie coûte le double du stuc , sans y comprendre le vernis. Les plafonds durent plus et sont moins sujets à se fendre lorsqu'on y employe du mortier ; mais l'ouvrier craint de se gerser les mains , ou le propriétaire croit être trompé si le plafond n'est pas du blanc qu'on admire et dont s'honore l'architecte. La mosaïque coûte moins que le carrelage : ceux qui ne la connaissent pas , observent qu'elle est froide ; comme si les carreaux de pierre polie ou de briques avaient la faculté de réchauffer les pieds !

Ah ! si ceux qui ont la fureur d'écrire ou de parler des arts sans les connaître , voulaient se taire , ils ne perpétueraient pas l'ignorance , en faisant revivre des noms qu'ils devraient laisser sur les registres de l'état civil. Si l'abus du savoir produit l'incrédulité , l'abus de la louange est une mortelle blessure faite aux artistes , un vol fait au mérite ; et le plus souvent , tel qui croit servir les arts, les outrage et creuse leur tombeau. Que l'on vante un malheureux artiste sans talent pour lui procurer de l'emploi, l'action est louable ; mais c'est gâter le goût du public, et retarder les progrès des arts ; que d'applaudir à de mauvaises productions, qui , lorsqu'elles sont une fois accréditées , font oublier jusqu'à des chefs-d'œuvre , dont les habiles gens n'osent plus parler sans craindre de paraître ridicules, par leur éloignement des choses qui ne peuvent que caractériser le mauvais goût d'une nation , et la rendre à jamais esclave de la mode et de la hardiesse de ceux qui y président.

ESSAI

SUR

les moyens d'opérer la restauration de la grande Salle de l'Hôtel-de-Ville de Lyon.

ESSAI

SUR

les moyens d'opérer la restauration de la grande Salle de l'Hôtel-de-Ville de Lyon.

AVANT-PROPOS.

L'ÉTAT actuel de la Salle de l'Hôtel-de-Ville de Lyon offre à résoudre quatre propositions qui composent le sujet que je traite. Ces propositions consistent :

1.º A prouver l'impossibilité de construire une voûte , soit en maçonnerie , soit en tuf ou en briques , parce qu'il faudrait se livrer à des constructions auxiliaires qui , en contribuant au soutien de la voûte , ne feraient qu'augmenter les incorrections échappées à l'auteur de ce riche édifice ;

2.º A donner les moyens de couvrir la Salle, en combinant ces moyens de manière à ce qu'elle soit préservée du feu ;

3.º A donner ceux de réparer efficacement toutes les dégradations, en consolidant les parties calcinées, et indiquer une ordonnance d'architecture aussi pure que convenable à notre siècle, sur la fin duquel cette science s'est si rapidement rapprochée du vrai beau ;

4.º Et enfin à donner une idée de décoration convenable à l'utilité de l'édifice.

Première Partie.

Les murs de la Salle de l'Hôtel-de-Ville ne sont point disposés pour recevoir une voûte en maçonnerie, et celui de la façade ne résisterait jamais à la poussée, quelle que fût la légéreté des matériaux employés à cette voûte. Si l'intention de l'auteur de cet édifice eût été de voûter cette partie, il aurait monté son mur de face de même épaisseur que celui du soubassement, qui

fait

fait retraite au premier étage de la largeur du promenoir à balcon : ainsi il est clair que rien n'indique la possibilité, dans l'état actuel des choses, d'exécuter autrement qu'en bois la voûte qu'il faut refaire aujourd'hui ; et lors même qu'il se présenterait un architecte assez hardi pour entreprendre la voûte en maçonnerie ou en briques, je demande à tous ceux qui connaissent la construction, si des murs qui n'ont pas été préparés pour ce fardeau, si des murs qui n'ont que la force de ceux des édifices ordinaires, pourraient recevoir sans danger une construction que le bon sens seul désapprouve. M. Blondel a parlé, dans ses Œuvres, de l'écroulement de la voûte du foyer de la salle de spectacle de cette ville : on voit encore dans le vestibule et autres endroits de cet édifice, les effets de la poussée. Ne voit-on pas aussi des voûtes de cave s'écrouler, bien qu'elles soient contenues par les terres et le poids de la hauteur des murs ? N'a-t-on pas vu s'écrouler le pont

de la Mulatière ? Les gens de l'art (1)
l'avaient cependant reconnu solide; et avec
de pareilles autorités , devait-on éprouver
d'autre sentiment que celui de l'admiration ?
Mais je quitte ces citations pénibles , pour
rappeler un exemple de la prudence d'un
des plus célèbres architectes de l'antiquité.

Vitruve a bâti à Fano une basilique dont
la voûte du milieu a 120 pieds de long
par 60 de large. Cette voûte est portée par
des colonnes de 50 pieds de haut sur 5 de
diamètre ; elles ont derrière elles des pilastres de 20 pieds de haut , larges de 2
pieds et demi , et épais d'un pied et demi,
pour soutenir les poutres qui portent le plancher des portiques ; sur ces pilastres il y en
a d'autres hauts de 18 pieds , larges de
2 et épais d'un. D'après ces dimensions ,
on trouve donc une épaisseur de 6 pieds
et demi dans le bas , et de 6 pieds en ap-
prochant des astragales : ensuite les porti-

____

(1) M. G*****.

ques forment un corps de construction qui butte les colonnes. La voûte de la Salle de l'Hôtel-de-Ville aurait 80 pieds de long par environ 40 de large. Voyons si les forces sont relatives aux dimensions comparées. La voûte de Vitruve , qui est d'un tiers plus longue et d'un tiers plus large que celle projetée pour l'Hôtel-de-Ville , porte sur une construction de 6 pieds d'épaisseur ; tandis que celle de l'Hôtel-de-Ville , qui n'aurait qu'un tiers de moins en longueur et en largeur, porterait sur des murs qui n'ont que trois pieds , et sans constructions environnantes comme les portiques de la basilique préci-tée : ce qui démontre évidemment que les forces relatives des constructions de l'Hôtel-de-Ville sont beaucoup inférieures à celles de la basilique de Fano ; et cependant Vitruve n'a pas hasardé la construction en maçonne-rie , puisque la grande largeur le détermina à faire sa voûte en bois , telle qu'on la voit dans son ouvrage traduit par M. Perrault. L'auteur a donc été bien moins entreprenant que ne le seraient ceux qui voudraient hasarder de la maçonnerie , ou les briques et plâtres. Si l'on donnait pour exemple la grande Salle de l'Observatoire de Paris , voûtée en pierre , et les reins remplis en maçonnerie pour former une plate-forme qui sert de couverture , on se rappellerait que la poussée est contenue par les ailes de l'édifice et des pavillons octogones , et que le mur de la façade , qui ne porte rien , a 4 pieds d'épaisseur. D'ailleurs , pour avoir une juste idée des grandes salles voûtées , voyez les plans des thermes d'Agrippa , de Néron, de Vespasien , de Titus , de Caracalla , de Dioclétien et de Constantin. Tous ces plans vous représentent les plus grandes salles au centre de ces vastes édifices , où tout est contenu par les constructions environnantes. Je me borne donc à dire qu'il faut construire une voûte en bois, parce qu'il est physiquement impossible d'en pratiquer une , soit en maçonnerie , soit en briques , à moins que de consolider l'édifice par des constructions auxiliaires.

Seconde Partie.

La voûte devant déterminer la hauteur de la couverture , je vais parler de celle en berceau , appelée *fornix* suivant Solin , qui me paraîtrait la plus convenable , par rapport au demi-cercle qu'il est possible de conserver sans élever la charpente du couvert plus qu'elle ne l'était , et donner une proportion plus agréable à la Salle. Mais , dira-t-on , votre voûte aurait 20 pieds d'élévation , à partir de l'ancienne corniche ? — Oui bien , en rétablissant le tout dans ses anciennes proportions qui offraient quatre murailles revêtues de boiserie et d'ornemens proscrits en bonne architecture , comme des pilastres qui épousent le pli des angles , etc. etc. Mais en établissant une colonnade qui anticiperait de 6 pieds en moins que les gradins qu'on a toujours placés dans cette Salle les jours de cérémonie , et la voûte portant à-plomb des colonnes , n'aurait plus que 12 pieds d'élévation , ce qui ne changerait rien à la charpente du couvert ,

mettrait le tout en proportion , et donne-
rait même la faculté d'établir une voûte
d'arête bien plus agréable et moins mono-
tone qu'une voûte uniforme , telle que celle
d'un vaste corridor. Ce sont les voûtes d'arête
que les grands peintres d'Italie se sont plu
à décorer , telles que celles du Vatican ,
celles de la ville Madame , etc. etc. La
charpente peut être traitée de deux manières ,
savoir : de jambes , de forces , courbes , entraits , poinçons et faîtage ; ou bien , suivant
le Traité de Philibert Delorme , la charpente en plat-bord qui pèserait moitié moins
que celle qui existait , et serait plus solide.
Elle consiste en plateaux de champ et moises
pendantes sans chevilles ni boulons , ainsi
que j'ai fait exécuter celle du dôme de l'é-
glise de Notre-Dame à Bourg , il y a huit
ans. Les courbes de la voûte en plateaux de
champ seraient fixées aux entraits , et lorsque toute la charpente serait en place , on
la latterait ainsi que l'extrados de la voûte ;
ensuite l'on enduirait en plâtre tous les bois
d'un demi pouce d'épaisseur , et l'on couvri-

rait en plomb. La dépense de cette couverture serait de 9,700 fr. ; et celle de tuiles
de Verdun , qui exigerait une pente plus
considérable , coûterait 2,580 fr. La différence paraît considérable au premier aperçu ;
mais la couverture en plomb n'exige point
d'entretien , la matière reste , et l'aisance
à marcher sur de semblables couverts en cas
d'incendie aux ailes environnantes , est d'une
puissante considération. En employant les
que j'indique, moyens cette partie de l'édifice
serait préservée pour toujoursdes accidens semblables à celui qui vient d'avoir lieu. Je reviens
à la voûte , pour dire que l'intrados serait enduit en stuc , parce que cela tiendrait à la
décoration générale. Les enduits sur le bois
interceptent le contact immédiat de l'air , et
reculent d'un grand nombre d'années l'instant
de l'introduction des vers.

Troisième Partie.

Les moyens de parvenir à réparer efficacement les murs frappés du feu , sont , après
que la charpente du couvert serait placée ;

pour donner l'aisance d'y établir des moufles
nécessaires à échafauder avec peu de frais et
plus commodément , de vérifier soigneu-
sement toutes les faces intérieures des murs ,
pour serrer d'abord avec des coins de fer
plus ou moins grands , et avec précaution ,
toutes les pierres ou moellons qui ont pu
être ébranlés par la chute des bois happés
auxdits murs , et nettoyer tous les joints pour
en ôter le vieux rustique qui n'est plus qu'une
poussière nuisible : cette disposition faite ,
il faut mouiller avec de l'eau de rivière tous
les murs , et les entretenir humides jusqu'à
ce qu'on ait jeté , à force de poignet , un
rustique clair , combiné avec de la chaux
de Neuville , de la brique pilée et de la
pozzolane ; comme aussi d'entretenir humide
le rustique, tel que s'il s'agissait d'une peinture à fresque , afin de pouvoir faire un ra-
valement de quatre pouces d'épaisseur en
stuc , comme celui que Philander appelle
tectorium (1) , lequel admet du sable , du

---

(1) Voyez Vitruve , folio 147.

ciment ou de la poudre de marbre ; mais par rapport à l'état des lieux, je rappellerai la pozzolane (1) dans ce stuc. Ce travail achevé, il faudrait fermer bien hermétiquement la Salle, afin que le soleil ni l'air ne puissent détruire les sels de cette composition , et qu'elle puisse sécher aussi lentement qu'une voûte de cave. C'est cette lenteur à sécher qui fait la dureté de la construction , et qui liant la pierre avec le mortier , redonnerait à ces murs une nouvelle force , presque supérieure à celle qu'ils avaient primitivement. Quant à la pozzolane, M. de Buffon indique les lieux les plus rapprochés où elle se trouve , tels que les volcans éteints de l'Auvergne. Il faut aussi que les fermes de la charpente du cou-vert soient en prise dans de la pierre de taille , et non dans de menus matériaux , comme on le voit actuellement ; ce défaut de soin occasionne souvent bien des dégra-

____

(1) A défaut de pozzolane , on peut employer les tuileaux pilés.

dations, et le bois, qui s'enfle ou se resserre suivant le temps, ne doit pas être incorporé dans la maçonnerie.

Quant à l'ordonnance d'architecture à observer pour l'intérieur de la Salle, il faut se rappeler que chez les Romains, les monumens de ce genre, qu'ils nommaient *Curia*, n'étaient pas composés de plusieurs appartemens, comme les Hôtels-de-ville qui sont parmi nous ; mais que ce n'était qu'une salle pour assembler ceux qui avaient soin des affaires publiques, et que c'est toujours cette salle qui doit, pour l'intérieur, fixer l'attention générale.

D'après ces motifs, il convient que l'ordre d'architecture soit corinthien, parce que les édifices pour la magistrature doivent être imposans, et répondre au caractère dont sont revêtus ceux qui y siégent. Aussi le peuple romain s'admirait-il dans la grandeur de son sénat. La corniche empêcherait la voix de s'élever ; et l'ordre que je désigne étant bien exécuté , produirait un grand effet , coûterait moins que la menuiserie , et prouverait le bon goût des Magistrats qui auraient consenti à ce beau genre d'architecture , pour l'exécution duquel on pourrait faire venir deux stucateurs de Turin ou de Milan (1) , qui , sous la direction d'un Architecte recommandable , feraient connaître que cet édifice , le seul dans cette ville qui puisse attirer les regards des hommes distingués dans cette science , mérite les soins qu'on prend de sa restauration.

Quatrième Partie.

La Salle n'avait dans sa décoration aucun caractère qui pût la mettre au rang des ouvrages de goût ; elle ressemblait à une Salle de chapitre de Bénédictins : ainsi , sous ce rapport, la perte n'est pas pour les arts.

---

(1) Il ne faut pas confier ce travail à d'autres ouvriers , lors même qu'on ne ferait que de simples enduits.

Mais voyons maintenant cette Salle comme si elle était restaurée, et supposons-la ornée de seize grandes colonnes d'ordre corinthien, portées sur des piédestaux entre lesquels seraient des gradins appuyés contre un stylobate, et les colonnes surmontées d'un riche entablement, dont la frise représenterait, en bas-relief, les principaux traits historiques de cette ville ; une voûte d'arête, ornée de peintures allégoriques, et de sculptures en stuc, imitant le marbre blanc, comme seraient les murs de la Salle ; ensuite, les autres marbres variés en jaune antique, les socles en vert antique, les fûts des colonnes en lapis veiné d'or, les chapiteaux à feuilles d'olive en or, et les bases en bronze ; les deux portes de la chapelle et du balcon ajustées dans un ordre ïonique grec, en marbre blanc ; les bois des fenêtres en acajou, leurs garnitures en bronze doré ; le pavé en mosaïque, représentant les factions terrassées ; des anneaux de bronze à la hauteur des astragales des colonnes, auxquels seraient attachées, les jours de cérémonie, des draperies de soie brodées en or ; tous les gradins couverts en velours, les bordures en tissu or et argent, ainsi que les baldaquins des croisées ; deux cheminées, dont les bandes seraient portées par des cariatides de bronze ; les portes en bois de cerisier, leurs panneaux en érable, et leurs garnitures en bronze doré ; les niches anciennes, rétablies pour recevoir les statues qui y seraient placées par la reconnaissance.

Tout cet ensemble ne doit-il pas répondre au grand escalier, prouver à-la-fois le progrès des arts, la protection que le Gouvernement leur accorde, et un goût de la part des Magistrats, égal, pour cette restauration, à celui d'Agrippa, cet homme né pour les grandes entreprises, et qui fit si bien décorer le Panthéon par un portique qui excite l'admiration de tous les savans qui vont à Rome ? L'architecture ne doit-elle pas présenter à-la-fois l'art uni à la science, comme cela devrait toujours être, et le retour au beau siècle de Périclès , où les ornemens n'étaient adaptés aux édifices que comme la rime aux vers de Racine ? Mais que serait cette faible production des arts , en la comparant à ce que fit Sémiramis dans Babylone , Didon dans Carthage , et Zénobie dans Palmyre ? Si la captivité ne put éteindre dans le sein de cette femme célèbre , l'amour qu'elle avait toujours montré pour les arts , que ne devons - nous pas attendre de ceux qui , jouissant d'une pleine liberté , et revêtus de l'autorité , peuvent s'immortaliser par la protection qu'ils leur accorderaient ? Je me résume à dire , que tout autre genre de restauration serait aussi dispendieux que celui que j'indique , et que cette ville n'offre que trop de preuves , que ce qui se fait sans goût , coûte autant que ce qui est bien dirigé ; qu'ici il s'agit , non d'un monument qui inspire le recueillement , mais d'un intérieur qui porte à l'admiration ; ce sentiment est le plus facile à obtenir en architecture , parce que , avec de belles dimensions , de beaux détails

sans profusion , de la finesse dans les proportions , de la pureté dans l'exécution , on
est sûr d'y parvenir. Mais je laisse aux
Artistes qui seront chargés du soin de cette
restauration , le soin de faire ce qu'ils croi-
ront convenable à l'essai que je présente.

PROJET

DE MONUMENT

A ÉLEVER

Sur la place BONAPARTE, à LYON.

———————

LE Premier Consul BONAPARTE ayant, à son retour de Marengo, donné aux Lyonnais le signal de la réédification, en posant la première pierre de l'une des maisons de la place de Bellecour; le citoyen Cochet, architecte Lyonnais, qui l'assista dans cette cérémonie, s'est, depuis, occupé, sur l'invitation du Préfet, d'un projet de monument à élever au centre de la place, ainsi que des accessoires qui doivent la décorer. Les motifs qui l'ont déterminé à entreprendre ce travail, sont l'étude des édifices publics, l'habitude des concours aux académies de Paris et de Rome, ses voyages dans les villes d'Italie , et sur-tout l'assurance qu'a donnée le premier Consul , de s'occuper de la restauration de cette importante Commune.

On sait que presque toutes les places publiques des villes d'Italie sont ornées de fontaines : les unes sont couvertes , dans le genre de celle du Marché des Innocens , à Paris ; d'autres sont adhérentes à des édifices , comme celle de Trévi , à Rome , etc. etc. ; d'autres sont en air libre , comme celles de la place St-Pierre , à Rome , et de Neptune , à Bologne , etc. etc. Celles de la place St-Pierre ne sont qu'accessoires , parce que l'Obélisque Egyptien placé entre les deux fontaines jaillissantes , se trouve au milieu de la place , comme la statue équestre était entre les jets d'eau de Bellecour , à Lyon. L'architecte , placé entre ces divers monumens , et ayant à décorer cette dernière place , a vu et pensé que l'eau en air libre et sans architecture ne convient qu'à des jardins dont le paysage fait l'asile, comme à St-Cloud, etc.; mais que dans les villes, elle est toujours soumise à un monument qu'elle orne et qui la dirige, à moins qu'elle ne soit entièrement isolée du monument.

Ici, l'auteur du projet a voulu réunir plusieurs objets :

1.º L'emblème de la ville ; 2.º l'étendue de son commerce ; 5.º les fondateurs de l'une et de l'autre ; 4.º le réédificateur ; 5.º le Rhône et la Saône, ainsi que les petites rivières qui s'y perdent ; et, par ces divers élémens, faire un agréable ensemble historique.

Pour parvenir au but qu'il s'est proposé, il a tracé, pour le centre de la place, un bassin circulaire, d'où s'élève un monument de soixante-cinq pieds de hauteur, ouvert sur toutes faces, et de trente-six pieds de largeur en carré. Ce monument est surmonté d'un lion de bronze, qui aurait trente pieds de proportion en longueur. Au milieu des ouvertures, à l'orient et à l'occident, sur les socles, reposent le Rhône et la Saône, et un jet d'eau entre deux : l'eau qui coule de leurs urnes, ainsi que du jet d'eau, tombe en cascade dans le grand bassin, où les petites rivières, représentées en bas-reliefs, viennent se perdre. Sur chaque face pleine, au-dessus des impostes, à droite et à gauche des archivoltes, sont représentés en bas-reliefs les fondateurs de cette ville et de son commerce, son réédificateur (1), et ceux qui, par de grandes actions, nous font chérir leur mémoire ; sur de grandes tables en forme de pilastres, seront gravés les noms. Le socle surmonté du lion, est orné d'une guirlande mêlée de fleurs, de fruits, et de grains, symbole de l'abondance.

L'intérieur du monument serait circulaire; les pendentifs seraient décorés par quatre bas-

______

(1) L'orient ayant été le principal théâtre des exploits du premier Consul, il occupera la face orientale du monument.

reliefs, représentant les principales batailles gagnées par les armées françaises ; et la coupole décorée par des ornemens arabesques, représentant l'historique des guerres d'Allemagne, d'Italie, de Hollande, et d'Egypte.

Notá. D'après quelques observations faites par des personnes étrangères à l'art de l'architecture, et dans cette ville, où il n'y a aucun monument public ni particulier qui offre une idée de la haute architecture, et de ses beaux détails que les Grecs savaient si justement appliquer, l'auteur croit devoir l'explication suivante.

Les extrémités du lion ne seraient pas cachées par la dimension du monument, parce que l'exhaussement que l'architecte pratiquerait en exécutant, serait ridicule dans le dessin ; et la perspective devant le cacher à l'œil, il doit toujours paraître au spectateur, tel que le présente le projet : il en serait de même de la guirlande.

Ce n'est pas un arc de triomphe : le monument est carré, et rien n'indique ce caractère. Ce n'est pas non plus un portique, puisque le monument est inaccessible : sa masse est idéale, telle qu'à la Fontaine des Innocens, et à la plupart des monumens anciens. L'application des détails historiques se fait ensuite avec le concours des historiens ; et quant aux régles de l'art et aux proportions , c'est le goût et l'œil de l'architecte qui les déterminent , ainsi que la bienséance , qui doit être conforme au local , et au sujet qu'il doit traiter. L'entablement est d'ordre corinthien. *Voyez ce que dit Vitruve , liv. 1.er , chap. 2.*

Un plan général fera ensuite connaître toute la décoration de la place , et ce qu'il importe de faire pour éviter , lors des fêtes publiques , ces dépenses réitérées pour de mauvaises décorations qui nécessitent des échafaudages dangereux , et désagréables à la vue.

Lorsqu'on a des monumens , il ne faut que des accessoires.

DU GENRE

DE MONUMENS

PROPRES A DÉCORER

LES PLACES PUBLIQUES,

DU GENRE

DE MONUMENS

PROPRES A DÉCORER

LES PLACES PUBLIQUES.

Parmi les différens monumens que présentent les places publiques de l'Europe, les Colonnes Trajane et Antonine sont d'une si admirable beauté d'exécution et d'effet, qu'on est forcé de convenir qu'elles sont les plus beaux modèles qu'il y ait à suivre en ce genre. Il était de la grandeur d'Adrien d'ordonner, et du peuple Romain d'admirer, qu'une seule partie de l'architecture devînt le plus parfait des monumens historiques, en l'enveloppant des pages de la gloire de Trajan. On sait que l'admiration générale y est fixée par la réunion de deux arts qui ne furent jamais si heureusement groupés ; que la sculpture y joue un role plus intéressant qu'à aucun autre édifice , et que la haute masse qui la reçoit, prouve, par son ingé-génieuse proportion , qu'il est des circons-tances où le génie se met avec succès au-dessus des règles de l'art. Mais comme nous avons des exemples où le génie est au-dessous , et qu'il importe de signaler pour ramener au beau en épurant le goût, je présente quelques idées sur ce genre d'or-ner les places qui , par leur régularité , seraient déjà soumises à l'empire de l'archi-tecture (1) ; car où il n'y a point de sy-métrie , le pittoresque suffit.

Sans entrer dans les détails déjà connus

---

(1) Lorsque Constantin vit la statue équestre de Trajan au milieu de tant de beaux édifices, il se flattait de pouvoir faire jeter en fonte un pareil cheval ; mais Hormidas , fils du roi de Perse , qui suivait sa cour en qualité d'otage , lui dit : Je le crois seigneur ; mais il faudrait aupa-rant lui bâtir une écurie pareille à celle-ci.

(*Rome ancienne.*)

des actions étranges qui caractérisent la colonne Trajane, tels que la fureur des femmes
des Daces, et l'héroïque dévouement de leurs
époux (1), je m'avance à dire que la connaissance des deux monumens que je rap-

---

(1) Dans le bas-relief spiral, on admire particulièrement l'action des femmes des Daces, auxquels l'empereur Trajan fit la guerre. On y voit
ces femmes animées par la fureur et la vengeance,
qui, le flambeau à la main, brûlent tout vifs
quelques soldats et officiers Romains que leurs
maris avaient faits prisonniers ; et l'action de ces
mêmes Daces, qui, dans la crainte de tomber
dans l'esclavage, et pour ne pas survivre à la
perte de leur liberté, après avoir mis le feu à
leur ville, s'empressent de se donner la mort.
Au milieu d'une foule de ce peuple, on voit un
de leurs chefs qui leur présente un vase rempli
de poison, et tous étendent les bras à l'envi
les uns des autres, pour le prendre, sans en
être détournés par le triste et effrayant spectacle
d'une multitude de leurs compatriotes qu'on voit
tomber morts ou mourans, à leurs pieds, après
avoir avalé ce funeste breuvage.

(Rome ancienne.)

pelle dans cet opuscule , aurait dû empêcher ceux qui ont fait exécuter des colonnes isolées , de les faire canneler comme
celles qu'on assemble en portiques ; parce
que celles qui s'érigent au centre des places , doivent toujours être disposées à recevoir des inscriptions, ou des applications de
reliefs en bronze, lorsqu'on n'a pas laissé au
fût de quoi le faire de sa même matière,
ce qui ne peut se pratiquer d'aucune façon ,
lorsqu'il se trouve cannelé. D'ailleurs , en
se reportant aux convenances architectu-
rales , on sent la différence de caractère qu'il
appartient d'imprimer à chaque chose pour
les perfectionner , tant par le bon style qui est
le tact dans les proportions , que par l'idéal
qui poétise le sujet.

Un écrivain a dit que ceux qui ne connaissent pas les ressources de l'architecture ,
ou qui n'ont pas mesuré leurs forces, mettent
des inventions ridicules à la place du simple , du beau et du sublime. Ces infractions
aux lois dictées par le bon goût , seraient

moins répétées, si la singularité n'avait pas tant d'imitateurs. L'architecture étant de tous les arts celui dont le public raisonne le moins bien , et où il prend le plus souvent la beauté de Vénus pour celle qui caractérise Hercule ', doit donc enfin cesser d'être regardée comme une mode , afin de ne pas l'être avec dégoût.

De tous les ouvrages qui ont été publiés jusqu'en 1770 (1), aucun n'offre avec fidélité et précision les admirables détails qui ornaient l'architecture intérieure et extérieure de l'ancienne Rome et de la Grèce : il fallait, pour triompher de cette tâche, comme on l'a déjà dit , le double talent d'architecte et de dessinateur dans les mêmes artistes , tel qu'il s'y trouve aujourd'hui , et nous promet que rien ne peut échapper à

----

(1) Epoque où l'architecture a commencé à se régénérer par les soins de M. Leroy , qui engagea ses élèves à renoncer aux études de l'architecture française , pour les porter au goût de l'antique.

des hommes qui , formés sous d'habiles maîtres , viennent de nous prouver combien ils
savent rappeler aux principes d'un goût pur
et sévère , ceux qui cultivent les arts. Les
pénibles travaux de quelques architectes nous
avaient bien donné toutes les règles qui
sont la raison positive de la structure des
édifices antiques ; mais en négligeant la partie décorative de ces mêmes édifices , la
sculpture française , faute de bons modèles,
est restée dans son style local, qui n'a pas
seulement le mérite de la main-d'œuvre :
ces vérités , si utiles aux succès de deux
arts qui se touchent de si près , ne sau-
raient être trop répétées. En gravant dans
de grandes proportions , tous les ornemens
de la colonne Trajane , on aurait infailliblement épuré le goût de la sculpture , formé
d'habiles sujets qu'on a laissés croupir sur de
mauvais cahiers, qui leur ont donné autant
de peine à exécuter que de bonnes choses
(1) ; et les gigantesques ornemens du pa-

____

(1) Si au lieu de ces mauvais cahiers d'ornemens qu'on faisait copier aux jeunes gens , on
lais

lais de Versailles n'auraient pas servi si long-
temps de modèle : s'ils ont encore des admirateurs, tant-pis ; je n'en dirai pas moins ce
que je crois nécessaire à l'avancement de
l'architecture, en rendant graces au zèle et
aux talens de ceux qui connaissent les la-
cunes qui restent à remplir dans cet art.
C'est aussi pour essayer d'en remplir une,
que j'observe qu'un monument régulier ne
fera jamais un bel effet sur une place irrégulière, qui, devant être décorée par luxe national ou par nécessité, ne doit l'être que
convenablement à sa forme, ainsi qu'à tous
les changemens qu'elle peut éprouver par de
nouveaux alignemens, auxquels les édifices
publics ne peuvent être assujettis. Il n'en est
pas de même d'une place uniforme : quelle que

---

leur avait mis sous les yeux les fragmens qui
ornent encore les restes des anciens monumens
de la Grèce et de Rome, ils se seraient habitués
plus facilement au beau, et nous n'aurions pas, sur
nos grands édifices, tous les accessoires qu'en-
fante le caprice et que le bon goût doit proscrire.

I

soit la figure du plan, l'architecte peut toujours s'y livrer à une composition majestueuse, qui, étant bien proportionnée et exécutée avec soin, lui fera obtenir le succès d'un effet général, qui doit toujours étonner les premiers regards, et plaire à la longue par des détails qui, rapprochés de la vue, se fassent admirer et meublent l'imagination.

Si, dans les cinq genres de monumens dont on décore les places publiques, qui sont les statues équestres ou pédestres, les obélisques, les hermès, les colonnes triomphales, et les fontaines, j'ai plus particulièrement choisi pour le sujet que je traite, les colonnes, c'est une suite de la vive sensation que j'éprouvai en voyant celles qui ont bravé le temps et la main des Barbares : j'y reviens donc, en m'adressant à ceux qui, pour la prospérité des arts, publient des ouvrages qui font renaître de leurs cendres tous les chefs-d'œuvre de l'antiquité. Portant donc aussi en moi l'amour des belles choses, et la crainte de les voir altérer, j'ai pensé que lorsqu'on élève un monument sur une place publique, et qu'il réunit des accessoires précieux, il ne convient pas de l'entourer d'une barrière (1), comme cela se voyait à Paris et autres villes ; parce que ces moyens de conservation détruisent toujours l'ensemble du sujet, et forcent les curieux à mettre la tête entre des barreaux pour pouvoir lire les inscriptions, et voir les détails dont ils ne jouissent qu'avec peine. Quant à l'effet du piédestal, il est toujours masqué si désagréablement par ces lignes noires qui le coupent en tout sens, que l'œil, à une certaine distance, ne voit plus qu'une cage de fer, qui, malgré son prix et sa beauté, devient toujours plus nuisible qu'utile. Il faut donc que le progrès des lumières acquises, en supprimant tout accessoire superflu, fasse disparaître ces choquantes limites, et y supplée par un fossé de largeur égale à la

---

(1) Ces barrières, qui devenaient très-coûteuses n'ont jamais empêché la mal-propreté.

distance qui se pratiquait entre la grille et
le monument , et que le parapet de ce fossé
semble être le double socle sur lequel on
a élevé , afin de laisser au sujet toute sa
pureté. Le premier moyen d'agrandir les choses , consiste plus dans les proportions , et
à ne rien mettre de trop , que dans les
dimensions. Et certes , le piédestal de la
colonne Trajane n'a pas été fait pour être
entouré d'une barrière : de pareilles clôtures
doivent offenser un peuple ami des arts , et
diminuer à l'œil la grandeur du monument ,
en en cachant la plus belle partie. Ces premières réflexions , qui paraîtront peut-être
de peu d'importance à quelques personnes,
peuvent en acquérir , si l'on veut examiner
les effets de l'architecture ancienne , com-
parativement à ceux de la moderne. Si un
édifice n'est admiré que parce qu'il est d'une
grande dimension , cette dernière architecture sera regardée comme supérieure à celle
de toute la Grèce , qui n'a jamais présenté
des dômes comme ceux de St-Pierre de
Rome , de St-Paul de Londres , et des In-

valides de Paris ; mais la quantité de pilastres, de pans coupés, de ressauts de corniches, de voûtes hardies, de frontons tron-
qués et de mauvaise sculpture qu'on y voit,
ne peut inspirer à faire quelque chose qui
soit digne des beaux arts d'Athène. C'est
cette prodigalité d'ornemens muets et de
lignes interrompues, si fatale à l'architecture jusqu'en 1770 (1), qui prouve, comme
on le voit encore en province , qu'il n'est
point d'idée, quelque déraisonnable qu'elle
soit, qu'on ne parvienne à faire adopter par
un grand nombre d'enthousiastes.

Les monumens élevés sur nos places publiques, quoique peu considérables en archi-

----

(1) Depuis cette époque jusqu'en 1780, on a
remarqué un concours d'émulation, où M. Leroy
avait demandé un projet d'hippodrome : l'exposition fut si brillante , qu'on dérogea aux règlemens
de l'Académie pour donner plusieurs médailles.
Cette circonstance prouva les rapides progrés que
les élèves avaient déjà faits sous l'habile maître qui
les dirigeait.

tecture , se ressentaient du goût pour les consoles renversées , les tables saillantes , les crossettes et les goutes pendantes , au point que les inscriptions ainsi que les bas-reliefs étaient perdus dans un fratras de mauvais détails (1) , qui n'offraient plus que les vains efforts de deux arts qui s'étouffent en voulant briller aux dépens l'un de l'autre ; tandis que ceux de la Grèce , qui attestaient la délicatesse du goût national , n'en imposaient que par une belle simplicité, à laquelle M. Leroy , professeur de l'Académie de Paris , a su former ses élèves (2). C'est à l'époque où la littérature seule rappelait les prodigieux succès des Grecs en toutes

---

(1) Indépendamment des mauvais profils de mouure et des ornemens placés au hasard , on allait usqu'à varier la couleur des marbres.

(2) M. Leroy puisait tous ses principes dans l'étude des monumens antiques , et ses leçons étaient le développement de son *Voyage en Grèce* , ouvrage qui le recommande si bien à la reconnaissance des artistes.

ehoses , que le type de leur architecture allait
être perdu , si l'estimable Professeur que je
viens de nommer par respect et par reconnaissance , ne se fût chargé du pénible fardeau
d'avoir à combattre le goût de son temps,
pour donner à sa patrie des hommes tels que
ceux que le Gouvernement distingue en les
honorant de sa confiance. Par sa naïve élo-
quence , M. Leroy ébranlait l'imagination,
excitait la curiosité, s'attachait tous les cœurs:
le mien se resserre , mes yeux se mouillent,
et je ne puis achever son portrait.

Chez les Grecs, où les arts étaient un des
objets de la vénération publique , où depuis
le Parthenon et le temple de Jupiter , jusqu'à une borne milliaire , tout était fait
pour fixer les regards de la postérité ; on
n'aurait pas vu élever des monumens dont on
ne connaît l'âge que par les dates et l'historique à l'aide des livres. Les plus belles
conceptions sont celles qui ont le moins
besoin d'être expliquées ; mais lorsqu'on voit
des fontaines qui ressemblent à des coffres

des colonnes cannelées qui servent de méri-
dien, des obélisques supportés par des boules,
les autels de nos temples de la forme d'un
pétrin, et des chaires à prêcher que le vulgaire Parisien nomme égrugeoirs (1) ; il est
permis d'être infidelle aux préceptes des maîtres qui ont été si peu Grecs. Ainsi donc,
pour voir germer de toute part le bon goût,
il faut cesser d'être extrême à louer les productions médiocres, se faire un jugement
sain et robuste pour résister aux attaques de
l'ignorance, faire passer ses pensées par
l'Egypte et la Grèce, pour les embellir avant
qu'elles déterminent l'opinion, qui jusqu'ici a
souvent fait de l'architecte le plus extravagant,
l'égal du plus sage. S'il en est autrement,
l'incertitude sur le vrai beau laissera toujours
agrandir l'empire de la mode, où chacun
se permet de parler de ce qu'il ne connaît
pas, avec l'espoir de voir accueillir ses idées.

---

(1) Je demande pardon au lecteur d'employer
des expressions triviales ; mais elles m'ont paru
nécessaires dans cette occasion.

Si lorsque Rome voulut aussi pour signes de sa grandeur, des monumens, elle n'avait imité les Grecs, ses ruines n'appelleraient pas encore aujourd'hui tous les artistes de l'Europe à l'admirer. Et ce n'est pas le bruit dont l'édifice de St-Pierre remplit toute la terre, qui peut effacer les chefs-d'œuvre de l'antiquité : le Panthéon est une preuve assez forte que la plus grande basilique du monde chrétien est plutôt un modèle à voir qu'à suivre, et que les beautés de l'architecture, qui avaient été si bien calculées par les Grecs, sont devenues parmi nous la proie de l'arbitraire : c'est ainsi que tout ce qui se fait par mode plus que par sentiment, dégénère.

Ce que MM. Goudouin, Peyre, Ledoux, etc. ont fait exécuter, est bien un grand pas vers la régénération de l'architecture : j'en pourrais citer beaucoup d'autres dont la capitale peut s'honorer, et qui jouissent de la considération des gens éclairés ; mais tant que cette considération ne sera pas rendue

publique par des signes ostensibles , il ne
peut y avoir d'intérêt national pour les progrès d'un art dont il est si difficile de bien
parler sans avoir été préparé à l'entendre , et
sur les beautés duquel très-peu de personnes
ont encore des idées bien assises. Car, il
faut savoir que tel architecte qui aura tracé
rapidement le plan d'un superbe palais, aura
peut-être bien de la peine à donner une
belle forme et de beaux détails à des choses
beaucoup plus simples , comme à un piédestal , un autel , une fontaine , le trône de
ce magnifique palais , et même le fauteuil,
tout en prenant beaucoup dans l'antique. Ce
n'est pas ici le cas du proverbe : *qui peut
plus , peut moins ;* parce qu'on sait bien
que souvent l'inscription la plus courte a
donné autant de peine à son auteur que tout
un poëme ; et le concours de l'an 8 pour
les colonnes départementales , n'a paru facile
à aucun des concurrens ', dont la plupart
avaient cependant donné plus d'une fois des
preuves d'habileté dans des sujets de la plus
haute importance. Ces sortes de monumens

étant la poésie de l'architecture, ne peuvent être bien traités que par un architecte qui soit assez habile dessinateur pour se rendre maître de tous les accessoires, afin de leur donner des formes et un caractère qui établissent une harmonie enchanteresse dans tout l'ensemble. Pour parvenir à l'extrême pureté qu'exige ce genre de composition, il faut d'abord que le monument soit le discours, et les ornemens la rhétorique. Ces ornemens, quoique puisés dans la nature, doivent acquérir une beauté idéale sans devenir méconnaissable : il en est de cela comme d'un bouquet que l'on peut présenter de différentes façons, lié plus ou moins près de ses calices, etc. Si l'artiste doit placer les palmes de la victoire, il ne les dessinera pas telles que la nature les donne, mais comme les Français les savent cueillir, assez abondamment pour les tresser et en faire la longue bordure de la glorieuse légende de leurs exploits. Il ne suffit pas de placer les choses telles qu'elles se présentent à nos yeux ; c'est le tour qu'on leur donne qui fait ressortir le sujet. Il faut

voir le laurier à la main d'un héros ou en cou-
ronne sur sa tête, la coiffure d'Atalante,
ou la chevelure de Ste. Magdeleine ; alors
on sentira ce qui constitue ce beau idéal
qui embellit tout, qui agite en tourbillons les
vêtemens de la Renommée sans lui effacer
les formes du corps, drape sagement la
statue de Minerve, imprime un grand caractère à la vieillesse en lui ôtant les pau-
vretés de la nature, ajoute encore quelque
chose aux attraits de la jeunesse, fixe une
guirlande d'une manière admirable, élève
un trophée vraiment digne des Césars, place
une inscription qui satisfait autant la vue que
l'esprit, ne produit rien qui ne soit digne
de la lumière, et que l'ombre ne fasse ressortir avec ce charme électrique qui n'agrandit
la pensée que pour conduire au sublime.

Ce n'est pas l'étude seule des règles de
l'architecture qui peut faire atteindre ce goût
qui va à l'ame, et qui ne se trouve que
dans les monumens des anciens ; c'est encore
le sentiment des convenances, qui, dans cet

art, consistent à savoir unir la grace à la sévérité par l'habileté du dessin, qui, loin de changer quelque chose à la nature, lui donne cette sérieuse beauté qui brave le temps en se faisant perpétuellement admirer.

Un monument public ne doit point avoir de côté faible ; toutes ses faces doivent être étudiées jusqu'aux plus petits détails ; parce qu'en architecture , il ne faut pas espérer, comme en peinture , qu'une belle partie en relèvera une médiocre , ou qu'il importe de sacrifier l'une pour faire briller l'autre. On n'a pas les ressources du coloris , ni le jour ménagé du cabinet, pour cacher les fautes ; c'est la finesse des proportions , la perfection du dessin, la juste mesure des reliefs , et la délicatesse d'exécution, qui peuvent former un tout merveilleux. Et c'est cette réunion qu'on trouve encore dans la colonne Trajane, qu'il faut mettre sous les yeux de ceux qui n'admettent que ce qui est à leur portée.

Je ne redirai jamais trop combien il importe de soigner jusqu'aux moindres parties
d'un monument , et qu'on ne doit rien
abandonner à la mode ; il suffit de jeter
un coup d'œil sur ce qui est reconnu vraiment beau , pour se convaincre que le goût
ne peut s'épurer en regardant indistinctement tous les genres d'architecture
comme des prodiges. Lorsqu'une ville , par
ses édifices , excite la curiosité des voya-
geurs , il ne s'ensuit pas que les habitans
aient le sentiment des arts , et qu'ils puissent
expliquer les beautés ou les défauts de ce
qu'ils possèdent ; le plus grand nombre vous
dira : cet édifice a coûté des sommes considérables , sa construction a occupé plusieurs
années , et il y avait un grand nombre d'ouvriers. C'est ainsi que dans presque toutes
les villes on mêle les temples et les palais
avec les quais et les bastions , et qu'un
circuit de paroles vous en fait connaître
l'historique , sans vous conduire au point
essentiel , qui consiste à analyser ce qu'on
observe , pour en connaître le vrai mérite.

En Italie , l'opinion des étrangers se décide plus promptement par l'instruction qu'ils y reçoivent des passans , qui , après leur avoir nommé les architectes sur les dessins desquels on a construit , leur font connaître les parties plus ou moins rapprochées de la perfection , et par ce moyen , indiquent la route à tenir pour arriver à la connaissance des belles choses. C'est alors qu'armé contre toutes les fausses idées de l'architecture , il faut entrer à Rome au milieu des chefs-d'œuvre du 15.ᵉ siècle et de ceux de l'antiquité , pour apprendre , en suivant les différens âges de cet art , qu'il est possible de s'y distinguer par les moyens les plus simples, et non pas comme l'imaginent beaucoup de personnes , qui croient qu'un habile architecte ne peut montrer son talent que dans de grands ouvrages. Les édifices de Rome sont une preuve assez évidente que le mérite se trouve jusque dans les plus petites maisons ; et le Recueil publié à Paris , en l'an 6 (1798), intitulé *Palais et Maisons*, etc. *dessinés à*

Rome, ne laisse rien à désirer sur ce que l'architecture a produit de grand et de délicat pour les édifices les plus somptueux, comme pour les plus simples habitations, auxquelles je vais passer maintenant.

De ce qu'on doit observer en construisant les Maisons des particuliers.

Tout ce qui a été bâti sur les dessins des Bramante, des Vignole, des Palladio, des Sangallo, des Balthazar Perrussi, etc. etc. porte l'empreinte des belles proportions de l'antique, et montre, par les plans, que les distributions y sont d'une pureté admirable. En voyant tant d'exemples de ce que peut le génie, n'a-t-on pas lieu de s'étonner que nos maisons soient si mal distribuées ? Il semble que les beautés de l'architecture ne sont réservées que pour ce qui est d'une grande importance, et que pour les choses ordinaires

ordinaires les soins de l'architecte soient superflus. Qu'arrive-t-il de cette extrême indifférence pour les petites choses, et de cet excessif enthousiasme pour les grandes? c'est que la plupart des élèves se croient dispensés de faire d'autres études que celle de la routine, qui doit leur suffire pour le genre de constructions auquel ils veulent se livrer; mais lorsqu'ils sont en exercice de leur état, et qu'une occasion de faire un grand édifice se présente; ils ne disent plus avoir renoncé à la gloire, et prétendent tout savoir: ils exécutent leurs plans; acquièrent encore une certaine réputation, forment des élèves à leur manière; et c'est ainsi que les progrès de l'art le plus utile sont retardés. Parmi les éloges qu'on donne aux talens des jeunes artistes de la capitale, en est-il de mieux mérités que ceux que reçoivent MM. Percier et Fontaine? L'ouvrage qu'ils ont publié en l'an 6, et dont je viens de parler, est un des impor-tans services qui aient été rendus à l'archi-tecture, dont les principes élémentaires,

K

quoique déjà fixés par d'habiles maîtres,
ne suffisaient pas encore pour appeler complétement l'attention sur les distributions des
édifices de tous les genres.

Toutes les productions anciennes et modernes étant recueillies avec le soin que
d'habiles dessinateurs savent y apporter,
il ne s'agit plus que de bien diriger les
élèves, et de former le goût du public,
en lui faisant connaître tout ce qui lui
échappe, lorsqu'une froide indifférence le
rend insensible à la belle ordonnance qui
fait le charme des habitations, et toutes
les erreurs dans lesquelles il reste, lorsqu'il en parle sans les connaître. C'est
cette tâche, la plus difficile de toutes à
remplir, qu'il faut entreprendre. Les matériaux propres à meubler l'imagination
existent ; il faut ne mettre sous les yeux
des jeunes gens, que ceux qui s'allient le
plus parfaitement ensemble, tels que les
Vestiges de Palmyre et de Balbek, Degodet,
les Monumens de la Grèce par M. Leroy,

Vitruve et Palladio, les Fragmens antiques par M. Moreau, et les Palais et
Maisons de Rome. C'est dans ces collections précieuses qu'ils se rempliront de l'importance de l'art auquel ils se destinent ;
ils apprendront aussi à se dégager du
mauvais goût sur lequel tant de réputa-
tions se sont établies , et parviendront à
embellir , depuis le plus vaste édifice ,
jusqu'à la plus petite retraite. Devenus
ainsi maîtres des sujets qu'ils auront à
traiter , ils donneront ensuite à leur génie
l'essor convenable à la décoration, pour faire
éprouver toutes les sensations qui s'échap-
pent de la sévérité des règles. Après avoir
parcouru la naissance , les progrès et les
révolutions de l'architecture , ils sentiront la
nécessité de mettre un frein aux préjugés
extravagans du caprice , pour inoculer plus
aisément l'amour du beau ; et en faisant
connaître toutes les merveilles de l'antiquité , qui partent de la seule force de
l'imagination , ils auront plus fait pour la
restauration de l'architecture , que tous les

ouvrages qui en ont traité théoriquement jusqu'à l'époque que j'ai déjà indiquée. Ils lais-
seront aux peintres les contours gracieux
de l'Albane , pour ne s'attacher qu'à la
sévérité de l'antique , qu'ils dessineront avec
cette correction si nécessaire pour placer
heureusement les statues , les bas-reliefs ,
les frises et ornemens des édifices qui
leur seront confiés , suivant la qualité des
êtres auxquels ils devront appartenir. En
ne donnant que des idées générales, je sens
combien je laisse de choses à dire d'un
art qui exige tant de connaissances, et où
s'applique l'intelligence des hommes de presque toutes les professions ; mais mon but
n'a pas été de faire un traité d'architecture ,
encore moins de me mettre en opposition
avec ceux qui ne marchent dans cette carrière que d'après leurs idées , et veulent
convaincre par des exemples de nouveautés
qui nous ont mis au-dessous des nations
célèbres, lorsque nos connaissances, acquises
par une longue expérience , auraient dû
nous mettre au-dessus. D'ailleurs, leurs juge-

mens arbitraires ont encore trop de
force, pour oser entreprendre un ouvrage
qui traiterait de toutes les parties de l'architecture. C'est pourquoi je me suis ren-
fermé à ne dire que ce que j'ai cru utile aux
jeunes élèves qui n'ont pas la faculté d'aller
étudier à Paris, ou qui font leurs études
prélimaires en province; et comme il importe
qu'ils y soient guidés par des ouvrages qui,
en échauffant leur imagination, les mettent
à même de mesurer d'un coup d'œil la
distance du beau au médiocre, j'ai cité
ceux que je crois les plus propres à conduire promptement à l'éminence du talent.
Je voudrais pouvoir donner des éloges aux
succès, et même aux erreurs de ceux qui
nous ont précédés; mais le mérite inven-
tif de quelques-uns, ayant établi l'anarchie
qui a amené la décadence de l'architecture,
me fait éprouver un sentiment tout contraire à celui de la reconnaissance, et
j'avoue croire qu'ici seulement l'ingratitude
serait peut-être pardonnable : car enfin,
que pourraient produire des traités sur l'ar-

K 3

chitecture , faits par des hommes si égarés
dans les profondeurs de cet art , et qui n'ont
su mettre que des idées singulières à la place
du vrai savoir ? Il faut enfin le dire : il
n'est aucun art qui offre d'aussi grands avantages aux raisonneurs hardis , que celui-ci,
et sur lequel ils aient autant déraisonné ,
pour s'attirer les suffrages de ceux qui disent
encore : Pourquoi être esclave des règles
de l'antiquité , au point de ne pas oser
donner à son génie l'élan qui , en rom-
pant les liens d'une servile imitation , peut
nous produire des nouveautés ? Sans entrer
dans des éclaircissemens qui passeraient
la portée de ceux qui blasphèment les arts ,
en en chantant ainsi l'hérésie ; je demande
s'il y a eu d'autre règle que le goût et
l'œil , pour élever les superbes édifices de
l'Egypte et de la Grèce , et si ce ne sont
pas ceux qui devraient nous servir comme
d'objets de comparaison , pour voir que nous
n'en suivons aucune , et que nous n'avons
pas un monument qui ait le mérite de
l'imitation? Si ces faux savans croient que

toute l'architecture est soumise à des règles,
ils se trompent : les beaux édifices sont,
pour l'architecture , ce que les ouvrages
d'Homère et de Virgile sont pour la littérature ; le sublime fait toujours règle dans
l'enseignement , mais pour le surpasser il
faut commencer par l'atteindre. Les proportions qui varient le moins , sont celles
des ordres , lesquels se composent toujours
du piédestal , de la colonne et de l'entablement : les véritables règles sont ce
qu'on appelle module , divisée en partie ;
et voilà ce qui en fait la sévérité , dont il
faut peu s'écarter. Mais par-tout où les
ordres d'architecture n'entrent pour rien , il
ne s'ensuit pas que ce ne soit de l'architecture , et même la plus difficile à bien
traiter , puisque c'est toujours celle où les
hommes médiocres échouent. Il en est de
cela comme d'un prince qui n'aurait pas
sur lui les signes de ses titres ; il n'en
serait pas moins prince ; et son langage
ainsi que son maintien doivent annoncer ce
je ne sais quoi, qui fait dire à la mul-

K 4

titude : voilà un homme de qualité. Lorsque j'ai dit plus haut qu'il faut former
le goût du public , qui sait très-bien que
depuis le plus somptueux palais , jusqu'à
la plus humble chaumière , l'utile doit être
réuni à l'agréable (1) , j'entends qu'il
faut lui démontrer ce qu'il n'a pu apprendre , n'ayant aucun exemple sous les yeux.
En attendant qu'il en ait de vivans ,
j'essaye de lui présenter mes réflexions sur
les causes de ces défectueuses et insalubres
habitations : puisse la légère esquisse que
je vais tracer , lui être de quelque
utilité , en lui faisant connaître combien
on est encore éloigné de la perfection des
bâtimens , lors même qu'on croit l'avoir
atteinte ! On sait que l'excellence des ouvrages,
sur l'architecture pratique , ne laisse rien
à désirer pour l'étude de cette science ; et
l'on peut dire avec raison , que des erreurs
dans cette partie sont impardonnables,

---

(1) Omne tulit punctum qui miscuit utile dulci.
(*Horat.*)

à moins qu'elles ne se glissent dans les travaux qui se font par adjudication, lesquels exigent alors une surveillance tyrannique , ou qui paraît telle aux ouvriers , lorsqu'on veut échapper à leur rapacité : et c'est ici que des inconvéniens graves (1) l'emportent sur le faible avantage d'avoir déterminé des prix, qui, dans tous les cas , ne doivent être au - dessous de la valeur réelle des choses , laquelle peut se fixer après comme avant l'ouvrage ; et si ce moyen était reconnu le meilleur, il n'est aucun capitaliste qui, en faisant bâtir , ne voulût en user , sauf à exposer l'architecte à y succomber , moins par défaut de connaissance , que par douceur de caractère. Je n'avancerai pas plus loin le lecteur dans une route où s'égarent si souvent le guide et le voyageur : je préfère rester où je l'ai abordé , pour achever de

____

(1) Les adjudications ont le double inconvénient de réduire les pouvoirs de l'architecte à une simple inspection, et de n'être courues que par des entrepreneurs ruinés ou par des commençans.

l'entretenir de ce qui doit embellir la science ; de ces superbes proportions , qui sont à la vue , ce que Dieu est à la pensée.

Les beautés de l'architecture sont des mystères toujours voilés pour ceux dont l'ame n'est pas affectée par le sentiment du goût, et qui ne connaissent que les principes généraux de cet art ; ne s'étant pas attachés à savoir par quels moyens on arrive à captiver l'admiration , ils soutiennent leurs erreurs comme des traits heureux , les donnent avec assurance au public comme des préceptes , et on les reçoit avec reconnaissance ; tandis que c'est l'accueil fait avec irréflexion à la médiocrité , qui tue le vrai talent : cette vérité répétée depuis si long-temps , n'ayant encore produit aucun effet , on ne saurait prévoir quelle sera chez nous l'époque de la vraie splendeur des arts, qui, en ce moment, sont devancés par des sciences , à côté desquelles j'ose mettre les idées suivantes.

La défectuosité d'une maison lui attire infailliblement l'insalubrité , et elle offre à-la-fois un modèle aussi vilain que puant: tel est le tableau , mille fois répété , que présentent la plupart de nos villes , et dans lequel se logent presque toutes les classes de la société. Je cite à regret des exemples aussi tristes que dégoûtans ; mais la condition de l'esprit humain est telle, qu'il lui faut toujours des exemples , lors même qu'il s'agit d'aller plus vîte à ce qui l'intéresse. Ceux que je donne ne remontent pas à plus d'un siècle , parce qu'il est inutile de parler de ce qui tient à la plus profonde ignorance , ni de ce qui appartient à l'opulence , qui a toujours les moyens de repousser ce qui afflige la multitude : c'est entre ces deux extrêmes que je me place , pour retracer la distribution des bâtimens qui , par leurs groupes nombreux , constituent une cité. Leurs aspects n'offrent aucun signe d'architecture ; leurs raiz-de-chaussée ne sont ordinairement élevés que de six pouces au-dessus du pavé ; l'entrée , presque toujours sur le côté , semble y être ainsi placée pour satisfaire les besoins des passans , qui en usent en toute liberté ; les boutiques , qu'on appellera si l'on veut magasins , y sont toujours multipliées , et il n'est pas rare de voir dans la même maison , un charcutier , un épicier , un corroyeur ; une cour étroite qui reçoit tou- tes les immondices de la maison , et où s'éteignent les rayons du soleil , leur prête un reste de lumière favorable aux ruses de plus d'un commerce , et force à ne trouver l'escalier qu'avec les mains. Le premier étage , où l'intelligence fait voir dans une seule pièce , par le moyen des boise- ries, un salon , une chambre à coucher , un lieu pour le linge sale , et un cabinet de propreté, ce qui décide presque toujours les gens d'une moyenne aisance à se placer sur les vapeurs d'entrailles de porc , de fromage et d'huile de poisson : ce n'est pas qu'on fût beaucoup mieux , ayant à ses côtés un boulanger et un apothicaire , parce qu'on n'aime pas à être long-temps entre la vie et la mort , et lorsqu'on étouffe dans une pièce , ne pouvoir passer dans une autre sans respirer l'odeur de la fabrication des médecines et des onguens. Passons aux autres étages. Le second , distribué dans le genre du premier, devient un peu plus clair ; le troisième change de division et forme plusieurs logemens , afin d'y trouver le même revenu que donnent ceux au-dessous; le quatrième , le cinquième , et jusqu'à une partie des greniers , vont ainsi crois- sant , au point qu'en voyant ce nombre de locataires dans la partie supérieure , on croirait que la maison s'élargit par le haut comme un entonnoir. Cette manière de bâtir est la même à l'égard de presque toutes les maisons de location ; c'est à qui fera entrer le plus de monde dans un petit espace ; et les mêmes désagrémens existent dans les maisons vastes , parce qu'on y fait des doubles corps-de-logis. D'après de sem- blables distributions , on ne doit plus être surpris si les maladies les moins sérieuses prennent des caractères sur lesquels le savoir des médecins et les remèdes les plus efficaces n'ont aucun succès. Les tremblemens de terre sont moins funestes que le poison qui s'exhale lentement et perpétuellement de ces sombres et humides demeures, où le limon des éviers, les latrines, le rebut des cuisines et la fumée de douze ménages, suffoquent quarante personnes avant que l'air atmosphérique en soit empesté. En suivant la progression du mal par le nombre des maisons, le resserrement des rues, l'obstruction des canaux impraticables, et les entrepôts de marchandises infectes, peut-on accuser la nature et les saisons des maux qui nous accablent ? et lors même qu'on attribuerait nos maladies actuelles à la destruction des forêts, ne serait-ce pas encore la main des hommes inexpérimentés qui aurait fixé la contagion dans nos villes ? Depuis la destruction des bois qui couvraient les marais Pontins, Rome est livrée à une peste annuelle qui force les habitans à user des plus grandes précautions. Et lorsque de pareilles fautes ont fait époque dans la vie humaine , au point de n'être jamais oubliées , il semble que dans les siècles modernes on s'éloigne des choses les plus sensibles , pour employer le temps à trouver des effets sans causes : alors la seule raison n'ayant plus d'activité, on n'agit sur l'esprit de l'homme qu'avec la force ou par l'erreur. Cependant, malgré l'incorrigible et repoussante indifférence avec laquelle on s'habitue à vivre dans le plus terrible fleau , il faut développer les moyens par lesquels on parviendrait à se donner des distributions plus commodes et moins mal-saines. Me voici arrivé au point de persuader ; et plus j'ai déprécié , moins j'espère pouvoir convaincre : tel est le sort de ceux qui éteignent une lumière pour en allumer une autre ; mais en me servant de bougie , ceux qui la souffleront ne seront pas empestés. C'est à sa lueur blanche , dans les nuits les plus longues , que je bâtis, sur le papier , des villes , des palais, des maisons , et que je finis par croire qu'on peut déterminer en général ce qui

convient à tout le monde , et quelles sont les
choses sur lesquelles on doit particulièrement
fixer l'attention du public. Sur ces consi-
dérations , je laisse ce qui n'a que le goût
pour objet, j'y reviendrai lorsqu'il en sera
temps ; et pour me rendre plus intelligible , je
vais , à l'imitation d'un expert d'office qui
procéderait, en présence des parties intéres-
sées ou dûment appelées , aux reconnais-
sances d'une maison , décrire le plan de
celle que je propose , laquelle serait bâtie
ainsi qu'il suit. Sur un terrain de quarante-
cinq pieds de largeur par soixante - dix
de profondeur , on ferait l'excavation des
terres dans toute l'étendue précitée , afin
d'éviter la dépense des étrésillons surabon-
dans ; car lorsqu'on construit, il n'est pas
convenable de contenir ce qui doit être enlevé,
c'est bien assez d'avoir à faire cette dépense
en contre-bas des caves jusqu'au terrain ferme. Le niveau du raiz-de-chaussée sera élevé
de trois marches au-dessus du pavé de la
rue , parce qu'il faut que l'écoulement des
eaux pluviales et ménagères se fasse par

un canal couvert, et que les caves soient, par ce même exhaussement du niveau, moins exposées aux inondations ; dont l'humidité long-temps retenue produit des exhalaisons pernicieuses. Lorsque les fondations seront achevées, on affermira le terrain, dans toute son étendue, avec le belier. La fosse d'aisance sera en contre-bas des caves et hors de l'aplomb des siéges ; elle doit être bétonnée dans tout son développement. Après la construction des voûtes, le terrain battu sera couvert d'un béton de six pouces d'épaisseur et autant de sable par dessus : les marchons seront en pierre, et entaillés suivant la courbe nécessaire à recevoir les tonneaux : les jours pourront être pris dans la hauteur des trois marches ci-dessus désignées. Ce travail achevé, on établira un canal couvert où les tuyaux de descente étant en contre-bas du cadetage, conduiront toutes les eaux qui s'écouleront, sans que l'intérieur de la maison se ressente de l'odeur. L'allée sera prise au milieu du raiz-de-chaussée, et la cour à la suite fera le centre du bâtiment ; afin que l'air se renouvelle continuellement. Les cabinets d'aisance seront éclairés par la cour, et placés ainsi pour établir, dans chacun d'eux, un tuyau près du plafond, qui traversera le mur, et par où la puanteur s'échappera toujours avec vîtesse, au moyen d'une ouverture de deux pouces en carré, pratiquée à la porte du cabinet, à fleur du parquet ; ce qui produira une aspiration semblable à celle d'un poéle. Les lavoirs des cuisines n'auront point d'évier de pierre en prise dans les murs ; ce genre de construction est nuisible aux bâtimens, et sujet à des réparations continuelles. Nos lavoirs seront de quatre pouces en contre-bas du plain-pied des appartemens, pour établir, au centre de la pièce, un parquet de cuivre de huit pieds en carré, avec un bord de quatre pouces de hauteur, qui recouvrirait à fleur le carrelage en ciment. Au milieu de ce bassin s'élèverait, depuis le niveau du canal jusqu'au lavoir le plus élevé, une colonne

de cuivre de cinq pouces de diamètre ,
pour l'écoulement de toutes les eaux ménagères. Ce tuyau serait entouré d'un évier
en même matière , de forme circulaire ,
soutenu par des pieds en fer et soudé autour du tuyau , qui serait percé à chaque
niveau des éviers : l'ouverture serait ronde
et d'un pouce six lignes , fermée en dedans
du tuyau par une soupape qui , en em-
pêchant à l'eau des étages supérieurs de
jaillir dans ceux au-dessous , s'ouvrirait naturellement par la pesanteur de celle qui
tendrait à s'écouler des cuvettes , et il n'y
aurait jamais d'encombrement , ni aucune
humidité préjudiciable à la construction.
Si l'on trouve ce moyen dispendieux , je
répondrai qu'il épargne les frais annuels
auxquels la routine nous expose ; et sans
citer les autres inconvéniens , je crois que
pour le bien de tous , cette partie devrait
être soumise à l'inspection de la Police ,
pour ce qui se construira à l'avenir , comme
pour tout ce qui est susceptible d'éprou-

ver ce changement (1). Tous les murs , à partir du niveau du raiz-de-chaussée, seront élevés à six pieds de hauteur en pierre de taille , pour qu'aucune humidité ne se communique aux étages supérieurs ; et le surplus des murs , dans toute leur hauteur , seront arrosés pour les entretenir humides jusqu'à la fin de la construction , parce la maçonnerie qui sèche trop promptement ne vaut rien. Les planchers ne seront pas faits avec de grosses poutres , mais avec des solives de neuf pouces sur onze , placées de champ , lesquelles seront toujours de neuf

---

(1) Je regrette infiniment de ne pouvoir donner ici des planches explicatives de tous les détails , qui , en montrant le pas à la science de l'architecture , prouvent combien elle a d'attraits pour ceux que l'intelligence rend prompts à s'élancer dans cette carrière, qui ne doit être ni le prix d'un vil et sordide intérêt , ni des esclaves qui obéissent aveuglément à la voix de l'ignorance ; mais j'écris dans un pays sans ressource pour la gravure.

pouces en prise sur une pierre de l'épaisseur du mur , avec une lame de plomb
entre les deux bouts de chaque solive ,
pour empêcher qu'elles ne s'échauffent : elles
auront un pied d'intervalle des unes aux
autres : on plafonnera dessous , pour éviter
l'inconvénient de se régler , comme on le
fait , sur des poutres qui sont toujours
défectueuses , de quelque manière qu'on
les décore , et gênantes pour les distributions. Passons aux cheminées (1), et
montrons jusqu'à l'évidence , la nécessité

---

(1) Des savans pensent que les anciens ne
connaissaient point les cheminées , et qu'ils
échauffaient leurs chambres avec des poêles , ou
avec une espèce de charbon de terre qui brûlait
sans faire de fumée , et que Suétone appelle
miseni carbonès. D'autres historiens croient que
les anciens se servaient de cheminée dans leur
cuisine. Mais Octavius Ferrarius veut que l'usage
des cheminées fût absolument universel dans les
maisons , tant pour faire la cuisine que pour se
chauffer. En effet , Aristophane , dans une comé-
die , introduit le vieillard Policlgon , enfermé dans

d'abandonner la méthode usitée jusqu'à présent pour leur construction. Quelque profit qu'on puisse tirer des beaux débris qu'offrent les ruines antiques , on n'y peut trouver tout ce qui nous est nécessaire ; et si ce qui a été créé pour notre usage est imparfait , il faut indiquer ce qui paraît mieux convenir : pour remplir cet objet, je décris ce que sont les cheminées , et ce qu'elles devraient être. Il y a deux siècles

---

une chambre d'où il tâche de se sauver par la cheminée. On lit encore dans Virgile :

Et jam summa procul villarum culmina fumant.

dans Horace :

Dissolve frigus , ligna super foco
Largè reponens.

et dans les lettres de Cicéron à Atticus : *camino luculento tibi utendum censeo.* Il est vrai que les anciens avaient des fourneaux pour échauffer leurs chambres , et qu'ils avaient aussi des poêles ; mais cela n'empêche pas qu'ils ne pussent bien avoir aussi des cheminées : ce qui peut concilier les deux sentimens. (*Voyez le Dictionnaire d'Architecture de Daviler , page 101.*)

qu'il était très-commun de voir les tuyaux renfoncés dans l'épaisseur des murs , ce qui les faisait avancer de dix pouces de moins dans les appartemens (1). Les lois des bâtimens , suivant la coutume de Paris , ayant empêché ces encastremens pour ce qui est des murs mitoyens , il en est résulté que la saillie s'est augmentée de dix pouces de plus , puisqu'on monte toujours les tuyaux d'à-plomb les uns devant les autres , d'où il résulte que la cheminée d'un troisième étage avance de deux pieds dix pouces dans l'appartement. Si dans la capitale on a su corriger une difformité aussi choquante, en dévoyant tous les tuyaux , de manière que celui du quatrième étage n'avance pas plus

____

(1) Pour ramoner les cheminées de Paris , il faut des enfans - qui montent dedans et les ramonent avec un racloir , parce qu'elles sont dévoyées ; et celles qui sont perpendiculaires se ramonent avec un fagot d'épines.

L 4

que celui du premier, il n'en est pas de
même en province, où ce procédé est inu-
sité dans plusieurs villes, et particulièrement
à Lyon. Avant d'émettre mon opinion sur
un article aussi essentiel dans les bâtimens,
je vais rappeler ce qu'en ont dit quelques
auteurs, dont M. Daviler a fait connaître
les idées dans son Dictionnaire d'Architecture. Le tuyau qui conduit la fumée jusque
sur les toits, étant la partie principale de la
cheminée, Félibien veut qu'on le fasse plus
étroit en bas qu'en sa partie supérieure ;
parce que le feu pousse plus aisément, dit-il,
la fumée en haut lorsqu'elle est resserrée en
bas, et qu'en montant elle trouve plus d'espace pour se dégager et sortir ; ce qui
empêche la fumée de se rabattre si facilement dans la chambre. Ce principe, qui
a paru bon à tous les hommes de l'art, et particulièrement à Daviler qui craignait qu'on
n'en abusât, n'est suivi de personne : celui-
ci dit qu'il ne faut pas trop resserrer le
tuyau ·, dont la largeur doit être proportionnée à la grandeur de l'âtre, afin que

la fumée qui part de toutes les parties du feu , trouve un libre passage en montant , sans quoi elle pourrait refluer dans la chambre ; de-là on doit conclure que les tuyaux de cheminée qui se dévoient proche le manteau , sont plus sujets à fumer que les tuyaux droits , et par conséquent ceux-ci sont préférables aux autres. Je ne sais si Daviler montre , dans la préférence des tuyaux droits , une grande connaissance des effets de l'air sur la fumée : pour moi , qui n'ai pas l'honneur d'avoir autant écrit que lui , je pense tout le contraire , et je dis qu'il y a beaucoup plus de tuyaux droits qui fument , que de ceux qui sont dévoyés. L'auteur dit que la raison qu'il donne n'est point indifférente , et que toute autre , quelle qu'elle soit , doit balancer ; que c'est une chose trop commune , trop incommode et trop négligée que les cheminées qui fument ; que les architectes et les maçons , voulant tout sacrifier à une distribution avantageuse et à la décoration extérieure d'une chambre , n'ont pas craint tantôt de dévoyer

le tuyau proche du manteau , et tantôt de
le faire trop étroit : qu'aussi presque toutes
les cheminées qu'ils font, fument ; et que
pour se garantir de cette fumée , on est
obligé de recourir à des gens qui ne sont
ni maçons ni architectes , mais fumistes,
et dont tout l'art se réduit presque à pratiquer des ventouses , ou auprès de l'âtre ,
ou mieux dans la tablette de la cheminée , ou
enfin à couvrir la cheminée par des demi-
quarts de sphère , qui, mobiles et dirigés par
une girouette, tournent toujours du côté du
vent , et l'empêchent d'entrer dans le tuyau :
que de ces deux méthodes la première est
sans doute la plus sûre , mais qu'elle est
aussi la plus dispendieuse, et qu'elle produit
en même temps du froid. Persuadé de ces
raisons , M. Gauger , voulant perfectionner
la seconde méthode , substitue aux demi-
quarts de sphère , une espèce de bascule
disposée de manière que la cheminée soit
toujours couverte par-dessus , et fermée du
côté que vient le vent , par le moyen de
deux fils d'archal qui servent à l'abaisser

ou à l'élever du côté qu'il est nécessaire. Ce même auteur, qui, suivant Daviler, a écrit savamment sur le feu, a fait voir que les jambages ou pieds-droits ne doivent point être parallèles, et que les manteaux des cheminées ne doivent point être inclinés, parce que ces dispositions nuisent à la réflexion de la chaleur dans la chambre ; et dit que pour favoriser cette réflexion, l'augmenter même, le contre-cœur de la cheminée doit former une courbe parabolique, et que la tablette doit être horizontale. Voilà des moyens assez clairement démontrés, pour croire que les expériences ont été faites avec succès, avant que leurs auteurs les aient rendues publiques; et cependant nous voyons toujours cette partie de construction confiée aux maçons, sans que les architectes en fassent jamais un plan particulier : il semble qu'ils ne doivent s'occuper que des jambages et de la tablette, et abandonner à l'ouvrier les parties dont l'utilité seule détermine les formes. C'est ainsi que la plupart de nos maisons s'achèvent,

et qu'étant privé des choses les plus essen-
tielles , on a recours aux équivalens, qui
sont le plus souvent comptés comme des
traits de génie. Voyons maintenant si, en établissant les cheminées de la maison qui doit
présenter tous ses développemens , leur
structure nouvelle pourra offrir des avantages qui puissent servir de modèle. J'ai
remarqué que lorsqu'on compare l'éloignement de la perfection , on apperçoit des
distances qui seraient moindres , si l'on
voulait profiter des lumières de ceux qui
nous ont précédés ; le trajet serait plus
court et on arriverait; au lieu qu'en partant
sans guides, on s'égare , et après avoir fait
beaucoup de chemin , il semble que le
corps seul a marché, et que l'esprit est resté
en arrière. Pour franchir l'espace ensemble;
je place mes idées à la suite de celles des
trois auteurs dont je viens de rappeler
les avis. En adoptant les procédés qu'ils
indiquent, je propose encore de faire l'intérieur des tuyaux de forme elliptique ;
parce qu'en évitant les angles en plan , et

en élévation lorsqu'on les dévoie , on
assure à la fumée une émission beaucoup
plus prompte. Le rétrécissement dont parle
Félibien est un moyen presque infaillible ;
il ne s'agit que de le rendre intelligible aux
maçons , en leur observant qu'à partir de
six pouces de la tablette , on doit monter
le tuyaux elliptique en le rétrécissant d'un
tiers de son dans-œuvre, et qu'il faut l'élar-
gir insensiblement (1) en le montant ,
jusqu'à la largeur ordinaire. Ces tuyaux doivent être rangés sur une seule et même
ligne , et joints par leur épaisseur : trois
pieds d'élévation au-dessus du faîte leur
suffisent ; et en employant , suivant Gauger ,
la forme parabolique pour le contre - cœur
de la cheminée, ainsi qu'en plaçant horizon-
talement la tablette , on aura déjà la certitude , sans employer d'autres moyens ,
de n'être jamais incommodé par la fumée

____

(1) La partie qui depuis le manteau va en
rétrécissant , et la partie supérieure , doivent
former la coupe du sablier du Temps.

dans les temps ordinaires ; et pour ceux où
le vent a une action si forte qu'il n'est
presque point de cheminée qui ne fume ,
on activera l'air du bas , en plaçant sur la
balustrade qui lie les chenets , allant d'un
jambage à l'autre , deux portes de cuivre
ornées à jours , lesquelles pourront se placer
à volonté , au moyen de quatre petits gonds
scellés aux jambages de la cheminée : ce
procédé pour briser l'air supérieur, réussit toujours , et le plus souvent on pourra enlever
les portes lorsque le feu sera allumé , sans
craindre que la fumée ne se rabatte dans
l'appartement. Les souches partagées par des
languettes pour plusieurs tuyaux, sont presque
irréparables , lorsqu'une de ces languettes
se trouve dégradée par le feu ; alors on
est obligé de démolir tous les tuyaux : cette
seule raison me paraît suffisante pour les
dévoyer. La distribution des portes contribue plus ou moins à empêcher que la
fumée ne s'échappe ; on les place près
des angles, tandis qu'elles seraient beaucoup
mieux en face des cheminées. Mais avant

d'expliquer cette partie , je reviens à celle de la fumée , observant encore que , pour s'en débarrasser , il faut particulièrement s'occuper de l'âtre et du manteau ; c'est là qu'il importe de développer toute l'intelligence nécessaire à leur perfection , parce qu'il sera plus facile de maintenir le bon état dans lequel on les aura mis , que s'il faut continuellement aller sur les souches pour appaiser un mal qui est à soixante pieds plus bas : je ne croirai jamais qu'un malade puisse guérir en faisant purger son voisin. En montrant à quoi l'on doit porter le plus d'attention, je m'éloigne du système routinier, pour mettre ce que j'ai vu à la place de ce que j'ai pu imaginer , car ce n'est pas à une seule cheminée que j'ai borné mes observations , ni sur les opérations d'un seul fumiste , mais après en avoir comparé autant que j'en ai pu voir ; et pour dire affirmativement que ceux qui emploient des fumistes , croient beaucoup , et ne savent rien. Tous ceux qui voudront réfléchir sur la manière dont cette construction doit se

faire , et en suivre attentivement toute l'exécution , suivant ce que j'ai dit plus haut
et ce que je vais dire pour achever , ne ver-
ront jamais refluer la fumée dans l'appar-
tément. D'après la persuasion où je suis de
ce que j'avance , je m'inquiète peu sur le
sort d'un Essai qui n'est pas pour ceux qui
oublient ce qu'ils devraient vouloir pendant
qu'ils bâtissent , et ce qu'ils ont voulu lorsque la maison est achevée ; c'est pour ceux
qui sentent toute la négligence qu'on apporte
à ce genre de travail , qu'après avoir proposé la forme elliptique pour l'intérieur des
tuyaux , l'adaptation des portes pour les
temps extraordinaires , ainsi que les procédés
de Félibien et de Gauger , je représente
qu'il faut disposer l'âtre à avoir plus de feu
qu'on n'en donne ordinairement , enduire le
tuyau en mortier et plâtre dans la forme
indiquée , distribuer les appartemens de manière à ce que les portes se trouvent en face
des cheminées , tant pour la belle ordonnance , que pour la direction de l'air ; que
la bande de la cheminée et le haut des
jambages

jambages offrent une demi-ellipse , et forme
dans œuvre l'embouchure elliptique qui doit
précéder le tuyau. Si le tout est exécuté
avec précision , on peut être assuré que la
colonne d'air atmosphérique ne pésera que
lorsqu'il n'y aura point de feu , et pour la
briser il suffira , comme je l'ai déjà dit,
de placer les portes un instant , lorsqu'on
allumera pendant les jours de grands vents;
et l'on abandonnera tous les moyens qu'on
emploie sur les souches , lesquels sont pénibles et dispendieux, et presque toujours
sans succès. J'arrive aux distributions , où la
dépense qu'on évitera , pour des choses inutiles , sera compensée par une précieuse
exécution , un bon choix de matériaux, et
une rigoureuse symétrie dans l'ensemble de
chaque appartement. Pour éclairer sur cette
partie , j'observe que selon les dispositions
du plus grand nombre des maisons, il ne peut
y avoir ni salubrité , ni commodité, ni aucun
moyen de décorer , puisque l'on distribue
selon la volonté des propriétaires et même
des locataires , sans oser résister à leurs

M

idées lorsqu'elles choquent la bienséance et le goût ; d'où il suit que toutes les pièces dépendent les unes des autres , sans que leurs communications facilitent les courans d'air nécessaires pour assainir l'habitation ; que l'habitude de placer les portes dans les angles , force à les répéter pour la régularité (1) ; que les murs de refends sont, par ces mauvaises communications , découpés près des façades d'une manière nuisible à la solidité , et que la dépense de luxe porte sur les marbres des cheminées , glaces, urnes de fontaines, boiseries , etc. ; tandis que les cabinets d'aisance infectent les appartemens , sans qu'on veuille remédier à ce grave inconvénient par des latrines à l'anglaise (2). Ainsi donc il faut apporter dans le plan d'un édifice le

---

(1) Une porte placée dans l'angle d'un salon en nécessite cinq autres pour la symétrie ; ce qui , avec les fenêtres et la cheminée, ne laisse aucune place pour décorer.

(2) Tout ce qui n'est pas ostensible est insoigné.

soin qui, ayant tout prévu, montre une collection d'idées et de choses, qui au moment
du départ donne la certitude d'arriver à la
perfection. Pour bien décider ce qui est
nécessaire , j'entre dans le détail de distribution d'un appartement complet, qui, pour être
à la convenance du plus grand nombre de
personnes, devra avec économie réunir tout
ce qui constitue un logement salubre ,
commode et agréable ; à quoi l'on par-
viendra , 1.° en mettant les ouvertures de
communication en face les unes des
autres , pour que l'air se renouvelle à
volonté ; 2.° en divisant l'appartement en deux
parties, ayant chacune leur issue sur le
palier de l'escalier , dont l'une sera pour
le service et les domestiques, et l'autre pour
les maîtres ; elles ne seront communes que par
une antichambre pour desservir toutes les
pièces par des dégagemens qui en établiront
l'indépendance. Ces deux divisions compren-
dront : pour les maîtres, un salon , une chambre à coucher pour le mari, un cabinet, une
chambre à coucher pour les fils , un cabinet

de propreté, et une chambre d'ami ; pour la femme, une salle à manger, une chambre à coucher, une chambre pour les demoiselles, une salle de travail, un cabinet, et une chambre d'amie ; pour le service, une cuisine, un bûcher, un lavoir, deux chambres domestiques. Passant ensuite à la correspondance qu'il convient d'établir pour toutes ces pièces, je dis que l'antichambre formant un carré parfait, aura quatre portes, dont une au milieu de chacune de ses faces : la première, d'entrée, correspondra à celle du sallon ; celle de droite, à un corridor de moitié de la profondeur de l'appartement du devant occupé par le maître, chez lequel on pénétrera tournant à gauche, et en face à son cabinet, à droite à sa chambre à coucher ; revenant sur ses pas, à gauche à la chambre des fils, au cabinet de propreté, et à la chambre d'ami, et une chambre domestique à la suite : ces dernières pièces occuperont une des ailes du bâtiment sur la cour. La porte à gauche conduira à la salle à manger ; un corridor

entre deux, comme celui de droite , qui
conduira à la chambre de madame, à celle
des demoiselles; revenant sur ses pas, après
la salle à manger, la salle de travail , le
cabinet de propreté , la chambre d'amie,
et une chambre de fille domestique à la
suite , pour occuper aussi régulièrement
l'autre aile que la première.

Le fond de la cour fermant l'extrémité de ces deux bâtimens, sera occupé
par la cuisine , le bûcher et le lavoir, où
l'on communiquera par une galerie de
portiques ouverts en arcs de cloître , portée
par des colonnes, faisant tout le tour de
la cour à chaque étage , et se réunissant
au palier de l'escalier pour desservir les
arrières-appartemens. Il suit de toutes ces
dispositions, que le départ de l'escalier sera
à droite de l'extrémité de l'allée , qui se
terminera à l'entrée de la cour; que l'ar-
rivée sera sur la galerie déjà citée , et qui
précédera l'antichambre placée au centre de
la largeur de l'édifice. Pour fixer ensuite

M 3

la diversité des agencemens (1) et de la décoration d'une manière précise, on observera que, dans la décoration des appar-

----

(1) En examinant l'intérieur des maisons bâties depuis un siècle, il est aisé de voir, même dans celles d'une certaine importance, que les agencemens, distributions intérieures, et menuiseries, sont des choses qui, à cette époque, étaient abandonnées par les architectes au goût des menuisiers. Les premiers, après avoir dirigé le corps de l'édifice, se croyaient dispensés des détails intérieurs ; et si d'habiles peintres avaient à décorer ces appartemens, ils s'entendaient avec le menuisier pour les compartimens et bordures qui devaient encadrer leurs sujets. C'est ainsi que se faisaient alors les choses qui exigent le plus de précision, et leurs difformités ne laissant aucun doute sur ce que j'avance, je me crois donc fondé à dire, que si les architectes s'occupent aujourd'hui de tous les détails, il faut convenir qu'il en est encore de bien imparfaits, par la faute des ouvriers, que l'appât du gain rend plus industrieux à cacher les défauts qu'à les éviter : et comme tout ce qui se fait par raison doit avoir ses règles, il faut les

temens , on a toujours en vue un vain luxe qui atteste les richesses du proprié-taire et non le goût de l'architecte : heureux encore lorsque ce luxe n'est que vain et qu'il n'est pas immoral ! Combien de fois en effet , l'œil de l'innocence n'est-il pas forcé de s'arrêter sur des objets susceptibles

---

appliquer avec l'expérience qui ne laisse rien à désirer ni à retoucher ; c'est-à-dire , qu'une porte de salle à manger , lorsque les domestiques vont et viennent les mains embarrassées , se ferme d'elle-même et sans bruit ; que les esseliers soient en bois dur ; que les portes ne traînent pas , et joignent de manière à éviter les lisières ; que les parquets ou carrelages soient d'un niveau parfait sur terre battue ; que les enduits des murs soient dressés à la règle et d'à-plomb ; que toutes les corniches soient poussées en stuc ; éviter autant que possible les portes dérobées , qui se reconnaissent toujours par l'impression des doigts des laquais ; ferrer les portes de manière qu'elles n'accrochent pas les vêtemens des femmes; que les sonnettes ne soient entendues que des domestiques, etc.

d'alarmer la pudeur, et propres seulement
à orner un boudoir ! Il me semble cependant que nos habitations pourraient s'embellir d'une manière plus convenable , en
satisfaisant à-la-fois le bon goût et la
morale. Au lieu de ces peintures insigni-
fiantes ou de ces gravures superbement
encadrées (très-belles sans doute en elles-
mêmes , mais qui peuvent se placer indif-
féremment par-tout), pourquoi ne retracerait-
on pas, au moyen des arts qui prêtent leur
ministère à l'architecture , des traits d'histoire analogues à la destination particulière
des différentes pièces , dans lesquelles ces
souvenirs historiques seraient rappelés ? Pourquoi , par exemple , Cyrus et Agésilaus,
qui, au rapport des anciens écrivains, n'ont
jamais prononcé de parole dure , n'inspi-
reraient-ils pas encore cette même réserve
et cette même bienveillance, dans la pièce
destinée à former l'antichambre ? Eponine
et Sabinus, ce beau modèle de la tendresse
conjugale , qui prouve combien les chagrins
de la vie peuvent recevoir de soulagement

lorsqu'ils sont partagés par une épouse ver-
tueuse et sensible, seraient, il me semble,
convenablement placés dans l'appartement du
maître et de la maîtresse de la maison. Ce
Romain dont parle Sénèque , qui , avant de
prendre son repos , se rendait compte à lui-
même de l'emploi de sa journée; le philosophe
de Stagire, dont la vie entière fut consacrée
à l'étude , et qui, dans la crainte de donner
trop de temps au sommeil , employa un
stratagème que rapporte Diogène Laërce ,
pourraient inspirer , l'un dans l'appartement
du père et l'autre dans celui du fils, cette
même sévérité dans toutes les actions , et
cette même économie du temps , qui ren-
dent la vie à-la-fois plus longue et plus
heureuse. La chambre de travail de la mère
et de ses filles , me paraîtrait à-la-fois
richement et moralement décorée par les
tableaux de Pénélope brodant les tempêtes
d'Ulysse , et de la reine Mathilde faisant
cette belle tapisserie, monument admirable
de nos temps héroïques, et qui a excité
l'année passée un intérêt si vif et si juste.

Les cabinets d'étude recevraient aussi des ornemens analogues à leur objet; Aristippe jeté par une tempête sur le rivage de Rhodes, et trouvant des caractères de géométrie tracés sur le sable ; Philoclès se consolant dans l'île de Samos , par la culture des arts, de la perte des honneurs et de l'instabilité des choses humaines ; le sage Stilpon répondant au destructeur de Mégare qu'il n'a rien perdu , et beaucoup d'autres traits de ce genre, me sembleraient remplir assez bien le but. Ulysse chez Alcinoüs , et quelques autres souvenirs d'hospitalité antique , pourraient orner la chambre destinée aux amis. Amasis s'excusant de rire et de plaisanter au milieu d'un repas, sur ce qu'une corde ne peut toujours être tendue, caractériserait la gaieté et l'aimable abandon qu'on peut se permettre dans la salle à manger : et quoique la frugalité ne soit plus de mode , on pourrait cependant faire revivre cette vertu des sages , au moins par une peinture prise dans les mœurs des Spartiates , ou par

quelque ancien apophthegme. On pourrait
admettre la plus grande variété dans les
décorations du sallon : l'Aréopage inspi-
rerait la retenue et la décence, Harpo-
crate la discrétion ; et peut-être ne serait-
il pas impossible de trouver quelque trait
historique, propre à éloigner la médisance
de ces cercles où elle trouve trop souvent
un asile. Je n'ai pu qu'indiquer dans ce
coup d'œil rapide, tout ce qu'un architecte habile pourrait faire pour les convenances et pour la beauté des décorations;
c'est au génie de l'artiste à tirer ensuite de
mon idée, tout le parti dont elle me
paraît susceptible. Et comme ce serait trop
d'avoir à distinguer à-la-fois ce que les
édifices modernes présentent d'inconvenant,
je laisse donc ce qu'on vante à ceux qui
sont faits pour s'en contenter, et me résume
à dire, qu'ayant parlé du genre de monumens à élever sur les places publiques, et
de ce qu'on doit observer en construisant les
maisons des particuliers, je sens n'avoir
fait qu'effleurer ces deux intéressantes parties

de l'architecture , puisqu'en comparant ce que j'ai pu observer, avec ce que j'ai dit, j'ai fini par laisser beaucoup de choses, en pensant qu'en fait d'observations de toute espèce, il vaut mieux voir que lire. Si cependant j'ai mal vu , et que ce premier essai ne soit pas accueilli , je ne regretterai pas le temps que j'y ai employé , parce que je tiens pour maxime certaine, que la critique est nécessaire, et que ce serait mal raisonner que de conclure que mes idées sont les meilleures. Je vais donc essayer de leur donner plus de clarté , afin de pouvoir jouir un jour, si j'obtiens quelques suffrages , du bonheur d'avoir fait quelque chose d'utile pour les arts , et digne d'être offert à un public éclairé.

Si on trouve que je n'ai pas assez dit, je parlerai encore ; et si on croit que je me trompe , je ne dirai plus rien.

F I N.